正己篇第五

子曰 君子有三戒하니
小之時엔 血氣未定
戒之在色하고
及其壯也하여는
血氣方剛이라
戒之在鬪하고
及其老也하여는
血氣旣衰라
戒之在得이니라

明心寶鑑
명심보감
청춘의 지혜

· 박균열 저 ·

良書閣

明心寶鑑 **청춘의 지혜**

박균열 지음

초판 발행일: 2017년 10월 16일

ISBN: 978-89-5568-461-2

가격: 10,000원

펴낸곳: 도서출판 양서각

펴낸이: 신대영

총책임자: 신동해

디자인: 이동우

편집: 하해란

책머리에

청춘(青春)은 희망찬 청년을 말한다. 그 청춘들에게는 무엇이든 다 할 수 있을 것만 같은 자신감과 패기가 가득해야 한다. 그런데 오늘날 청춘들에게는 시련이 가득하다. 대학 들어가기도 힘들고 대학을 졸업한다고 해도 취직할 자리가 제한되어 있다. 고등학교를 졸업하고 곧장 취직을 하려고 해도 마땅히 대안이 있는 것도 아니다.

나는 나의 어려웠던 시절을 돌이켜 생각해보고 오늘날 청춘들에게 무엇인가 희망을 같이 고민해보고자 생각했다. 하지만 글재주가 박약하고 그 기획력도 제한되어 옛 선현들의 경험을 귀감으로 삼고 거기에 기대어 나의 얘기를 풀어나가려고 하는 방편을 생각해보았다. 그 답이 바로 『明心寶鑑』을 활용하는 것이었다. 이 『명심보감』은 말 그대로 '마음을 밝혀주는 보배로운 거울'과 같은 책이다. 예로부터 동양에서는 儒學에 입문할 때 『千字文』과 『小學』 등을 읽고 난 뒤에 읽게 되는 책으로 알려져 왔다.

이 『명심보감』은 우리 선조들의 필독서 중에서도 가장 많이 읽혀졌다. 원래 『명심보감』의 원저자는 중국의 范立本이라는 인물이다. 그런데 우리나라에 유입되고 난 뒤에 학자들이 자신들이 선호하는 경전의 구절이나 좋은 글귀를 첨삭하는 방식으로 편찬하게 되어 다양한 판본이 현전하고 있는 실정이다.

이 책은 成百曉 선생의 『명심보감』(전통문화연구회, 1994)을 저본으로 삼았다. 이 판본은 총20편으로 구성되어 있으며, 부록으로 다섯 편이 더 수록되어 있다. 이 책은 부록을 제외한 20편 중에서 저자의 집필의도에 맞는 100구절을 발췌하여 내러티브의 소재로 삼았다.

나는 '아프니까 청춘이다'와 같은 부류의 소극적 감상주의로 청춘을 위로하고 싶지 않다. 나는 이 책이 어려움을 겪고 있는 젊은이들에게 위로의 메시지를 전하는 의도보다는 오히려 더 분발할 것을 당부한다. 아무리 오늘날 청춘들이 겪는 현실이 어렵다고 해도 일제 강점기간 동안 유년기를 보내고 현대 한국 건설의 주역이었던 현재의 노년층이 겪었던 말할 수 없는 고난보다는 확연히 덜하다.

이 작은 책이 나오기까지 많은 도움이 있었다. 특히 꿈과 희망으로 가득 했던 청년장교시절 물심양면으로 도움을 주신 (사)한국청소년도서재단의 이성원 이사장님과 민용자 사모님께 감사의 말씀을 올린다. 또한 늘 가까이에서 좋은 본을 보여주시며 한없는 가르침을 주시는 황두환, 손병욱 은사님께 감사드린다. 동료교수이자 친구인 이상호 교수의 후원에도 감사드린다. 예비독자로서 사전에 먼저 읽어보고 좋은 의견을 준 김현준 학생에게도 감사한다. 언제나 가장으로서 바른 길을 갈 수 있도록 조력해 준 아내와 공교롭게도 동시에 의료인의 길을 걷게 된 두 아들 기선, 기훈에게 미안하면서도 고마운 마음을 전한다. 끝으로 좋은 책으로 묶어준 양서각에 감사한다.

2017년 7월

진주 가좌골에서 박균열

목차

책머리에

제1편 계선편(繼善篇)과 청춘의 지혜	7
제2편 천명편(天命篇)과 청춘의 지혜	19
제3편 순명편(順命篇)과 청춘의 지혜	25
제4편 효행편(孝行篇)과 청춘의 지혜	33
제5편 정기편(正己篇)과 청춘의 지혜	43
제6편 안분편(安分篇)과 청춘의 지혜	69
제7편 존심편(存心篇)과 청춘의 지혜	75
제8편 계성편(戒性篇)과 청춘의 지혜	91
제9편 근학편(勤學篇)과 청춘의 지혜	101
제10편 훈자편(訓子篇)과 청춘의 지혜	107
제11편 성심편(省心篇)과 청춘의 지혜	115
제12편 입교편(立教篇)과 청춘의 지혜	147
제13편 치정편(治政篇)과 청춘의 지혜	157
제14편 치가편(治家篇)과 청춘의 지혜	165
제15편 안의편(安義篇)과 청춘의 지혜	175
제16편 준례편(遵禮篇)과 청춘의 지혜	181
제17편 언어편(言語篇)과 청춘의 지혜	195
제18편 교우편(交友篇)과 청춘의 지혜	205
제19편 부행편(婦行篇)과 청춘의 지혜	219

제1편 계선편(繼善篇)과 청춘의 지혜

계선(繼善)이란 '선(善)을 계속해서 행한다'는 자구적 의미를 가진다. 동서고금(東西古今)의 많은 사상가들은 인간들이 아끼고, 소중히 하고, 그래서 존경하는 바를 선이라고 하였으며, 추하고, 흉해서 결코 가까이 하고 싶지 않은 것을 악이라고 해왔다. 그런데 선과 악을 하나의 실체에서 빚어지는 부수적인 현상이라고 보고 그 완전성이 무너질 때 악이라고 보는 사람들도 있었다. 이와 같이 선과 악을 보는 시각은 다양하다.

1. 子曰 爲善者는 天報之以福하고 爲不善者는 天報之以禍니라
자왈 위선자 천보지이복 위불선자 천보지이화

공자(孔子)가 말했다. 善한 일을 하는 자는 하늘이 복으로써 갚아주고, 惡한 일을 하는 자는 하늘이 재앙으로써 갚아주느니라.

우주 삼라만상은 신(神)의 섭리가 작용하지 않는 것이 없다. 그런데 신은 너무 바빠서 이른바 그 심부름꾼을 두게 된다. 천사(天使)가 바로 그 심부름꾼이다. 수많은 천사들이 피조물과 창조주 사이에서 하는 일이란 신의 창조 의지에 따라 피조물을 벌하고 상주는 일일 것이다. 심지어 천사조차도 하는 일이 너무 많아서 신은 피조물 속에도 서로 간에 스스로 알아서 할 수 있도록 하는 자유의지(free will)를 심어주었다.

여기서 잠시 천사에 대해 생각해 보자. 동양권에서는 하늘의 사자를 줄여서 '天使'라고 하고, 서양에서는 대리자 또는 전달자(messenger)의 의미를 가진 'Angel'이라는 단어를 사용한다.

그런데 굳이 동양에서는 '하늘'(=天)이라는 말을 강조한다. 천지를 창조하고 그 뜻대로 운용하고 피조물의 멸망을 모두 관장한다면 굳이 하늘에 있다고 말하면 안 되고 우주 어디에도 편재(遍在)해 있다고 해야 함이 맞을 것이다. 그렇다면 심

연(深淵)에도 신은 있게 되는데, 거기에 존재하는 신의 심부름꾼은 날개 달린 심부름꾼이 아니라 지느러미와 비늘이 달린 심부름꾼이 되어야 할 것이다.

'God'을 번역할 때, 모든 곳에 존재하는 신을 강조하면 하늘(=天)의 의미를 가진 '하느님'이라는 용어도 반드시 적절한 것만은 아닌 듯하다. 그렇다고 모든 곳에 존재하는 God이 맞다면 유일성만을 강조하는 '하나님'도 적절하지 않을 것이다. 범(汎)기독교계나 동양에서 하늘은 우러러보게 되는 대상이고 그만큼 숭배해야 하는 존재로 여기고 싶다는 신앙심이 반영된 표현으로 봐야 한다. 종파나 교파를 달리하는 상대방의 용어 사용을 비난할 필요는 없을 듯하다.

어떤 사람이 적정한 수준을 넘어서 과도하게 행동을 하면 주변사람들의 따가운 눈총을 받게 된다. 공자는 하늘의 이치를 깨우친 성현이기 때문에 인간사에 벌어지는 일들에 최대의 권위를 부여하기 위해 신 즉, 하늘의 권위를 빗대어 인간의 잘못을 경계하고자 했던 것이다.

착한 일을 하면 반드시 나를 벗어나 있는 하늘에서 눈이 내리듯이 복이 내려오는 것이 아니다. 나 자신이 창조주가 만든 훌륭한 작품이기 때문에 착한 일을 하면 나의 마음이 착하게 되어 스스로에게 기쁨을 느낄 수 있다. 그것이 복인 것이다. 이런 기쁜 마음을 가지고 살아가는 사람에게는 또 다른 창조주의 작품인 다른 사람들의 마음도 움직이기 되어 서로 기쁜 마음을 공유하게 되는 것이다. 그런 마음이 계속해서 모이게 되는 개인뿐만 아니라 전체 사회가 행복으로 가득 차게 되는 것이다.

이런 저런 저간의 논리는 차치하고서라도 뿔 달린 악마가 있고, 날개 달린 천사가 있어서 내 마음을 선한 마음으로 다잡고 악한 마음을 멀리하려고 한다면 그렇지 않은 것보다는 더 좋을 것이다.

2. 漢昭烈이 **將終**에 **勅後主曰 勿以善小而不爲**하고 **勿以惡小而爲之**하라

한소열 장종 칙후주왈 물이선소이불위 물이악소이위지

한(漢)나라 소열황제(昭烈皇帝)[1]가 장차 임종하려 할 때에 후주[2]에게 칙서를 내려 말하였다. 선(善)은 아무리 작아도 안해서는 안 되며, 악(惡)은 아무리 작더라도 해서는 안 된다.

어떤 사람의 유언(遺言)은 매우 중요한 메시지를 전해준다. 한 평생을 살고 난 뒤에 가장 친한 사람에게 단 한 마디로 해주는 말이기 때문이다. 하물며 큰 나라의 황제를 하고 난 뒤에 후임 황제에게 해 주고 싶은 말은 얼마나 많겠는가.

충성심을 이끌어내는 방법부터 시작해서 배신당하지 않는 법, 세금 거두는 방법 등 다양한 치세술을 생각해볼 수 있을 것이다. 주인공 소열황제가 장차 임종하려 할 때에 선과 악에 대한 메시지를 남겼다. 선은 기준이 명확하기 때문에 끈기를 갖고 하지 않으면 이루기가 매우 힘들다. 악은 잘못된 의도에 의해 빚어지는 것도 있지만 의도하지 않고 내버려둘 때 이슬

1) 漢나라 昭烈皇帝는 삼국시대 蜀漢의 제1대 황제인 劉備(161~223)를 말한다.
2) 여기서 後主란 劉禪을 말한다.

비처럼 우리를 구렁텅이로 끌고 가는 특징이 있다. 어떤 철학자는 선과 악은 같은 것인데 선이 조화를 못 이루거나 모자란 부분이 있어서 악이 된다고 말하기도 했다. 어느 누구도 선인과 악인이 구분되지 않고 노력여하에 따라 선인도 될 수 있고, 악인도 될 수 있는 것이다. 도덕과 윤리는 습관에 의해 형성되기에, 아주 사소한 생각과 행동들이 계속해서 쌓이게 되면 스스로의 사상과 인생관을 지배하게 된다. 큰 나라를 다스리는 황제라고 하더라도 대의명분에 따라 명령만 내리는 존재가 되어서는 안 되고 작은 일부터 차근차근 선근(善根)을 키워간다면 착한 행동을 행하는 근육(=善筋)이 키워질 것이다.

어떤 축구팀의 감독이 한 말로 기억되는데, "축구선수는 연습할 때 자신의 근육이 기억하도록 해야 한다"고 했다. 하물며 규칙이 아주 간단한 축구 경기를 함에도 그런데 인생살이에서 필요한 것은 선을 행하는 머리만 아니라 감동과 감성의 가슴도 필요하고, 이와 같이 아는 것과 느끼는 것을 행동으로 옮기는 용기도 필요하다. 선한 삶의 요체는 선한 근육을 계속해서 단련할 때 얻어지는 것이다.

3. 莊子曰 一日不念善이면 諸惡이 皆自起니라

장자왈 일일불념선 제악 개자기

장자(莊子)[3)]가 말하였다. 하루라도 선한 것을 생각하지 않으면 모든 악한 것이 다 저절로 일어나느니라.

안중근 의사가 생각난다. "하루라도 책을 읽지 않으면, 입 안에서 가시가 돋는다(一日不讀書, 口中生荊棘)." 이 말은 습관의 중요함을 강조하고 있다.

고대 그리스의 철학자인 아리스토텔레스(Aristotle)도 덕이 습관에 의해 형성된다고 말했다. 어떤 일이건 일가(一家)를 이루기 위해서는 차근차근 준비해서 자신의 가장 큰 장점이 되도록 노력해야 한다.

선은 노력해서 얻어지는 질서이자 화초라면, 악은 가만 내버려두면 생겨나는 무질서이자 잡초와 같은 것이다. 만약 어떤 사람이 자연스러운 행동이라고 하면서 아침에 일어나서 세수도 하지 않고 양치질도 하지 않는다면 선한 행동이라고 할 수 없다. 왜냐하면 살아있는 개체로서 자신의 정체성에 부합되는 바람직한(desirable) 행동을 계속해서 해야 제대로 된 삶의 살 수 있기 때문이다.

---

3) 莊子는 중국 전국 시대의 사상가(BC365?~270?)이다. 이름은 周이다. 老子사상을 계승, 발전시킨 도가사상의 중심인물이다.

이러한 선과 악의 개념은 물리학에서 말하는 엔트로피와 네겐트로피의 개념으로도 이해될 수 있다. 우리 삶에서의 엔트로피는 스스로의 잘못에 의해 부가되는 삶의 부하(負荷)라고 할 수 있는데, 이는 곧 게으름, 다변(多辯)으로 인한 오해, 지나친 경쟁심 등으로 인해 빚어진 것이다. 이것을 극복하는 방법은 정신과 육체가 고달프더라도 그러한 것을 절제하고 때와 장소와 대상에 맞게 표출될 수 있는 잘 조절하는 것이다. 그것이 곧 대인관계에 있어서 엔트로피를 낮추는 길이고 선을 쌓는 길일 것이다.

4. 太公曰 見善如渴하고 **聞惡如聾**하라 **又曰 善事**는**須貪**하고 **惡事**는 **莫樂**하라

태공왈 견선여갈 문악여롱 우왈 선사수탐 악사막악

태공(太公)[4]이 말하였다. 선한 일을 보거든 목마를 때 물을 본 듯이 하고, 악한 일을 듣거든 귀먹은 것처럼 하라. 또 말하기를, 선한 일은 모름지기 탐하고, 악한 일은 즐겨하지 말라.

◕ 태공의 선행과 악행에 대한 조언을 선행의 실천 각오와 악행의 기피 방법을 일러주는 것이다. 선행은 언제나 내 이성의 인내와 각오가 따르고, 악행은 나의 달콤한 욕심을 채우는 것과 가깝다. 선을 행하기를 목마를 때 물을 본 듯이 하라는 말은 평상시에 어떻게 하면 선을 행할까 하고 항상 궁리할 때 성립될 수 있다. 자나 깨나 스스로에게나 다른 사람에게 어떻게 하면 잘 대해줄까 하고 생각하면 그런 행동의 좋은 대안들이 떠오르게 된다. 반면에 안이하고 달콤한 일을 생각하게 되면 그런 일들만 생각나게 된다. 평상시에 그런 생각들로 가득

4) 姜太公을 말한다. 呂尙, 太公望으로도 불린다. 나이 팔순에 渭水에서 문왕을 만나 문왕의 스승이 되었으며, 무왕을 도와 주나라를 세우는데 큰 공을 세웠다. 나중에 齊땅을 영지로 받아 제나라 시조가 되었다.

차면 잠을 자면서도 그런 종류의 꿈을 꾼다.

어렸을 적의 일이다. 나의 고향은 경남 고성의 바닷가인데, 바로 옆집 아저씨가 큰 배를 운영하는 선주였다. 가끔 그 큰 배에 옆집 주인 아들인 후배랑 같이 가본 적이 있다. 그런데 그 배가 너무 커서 선착장에 댈 수가 없어서, 작은 노 젓는 배로 사람과 물건을 실어다 날라야 한다. 그 큰 배가 출항준비를 끝내고 저 멀리 바다로 나가게 되면 작은 노 젓는 배는 우리들 차지가 되는 것이었다. 그런데 노 젓는 것이 너무나 재미있었다. 움직이는 파도위에서 노를 젓는 것은 대단한 균형 감각이 필요한데, 자칫 잘못하다간 배의 끝부분에 위치한 노를 지탱해주는 돌출된 쇳덩어리로 된 꽂이에서 벗어나기가 실수였다. 근 한 달 동안 이 일로 재미를 붙였었는데, 그 기간 동안에는 매일 노 젓는 꿈을 꾸곤 했다. 자신이 정말 좋아 하는 일을 오늘 하고, 내일 또 간절히 하고 싶다면 오늘밤은 그 생각으로 꿈을 꾸게 된다. 좋은 일을 자꾸 생각하다보면 나쁜 일은 저 멀리 벗어난다. 어렸을 때 노 젓는 꿈을 꾸던 동안에는 학교 다녀오다 목화밭이나 고구마 밭에 주인 몰래 들어가려고 하지 않았던 것 같다. 착하게 살려면 착한 취미 하나를 일단 만들어야 한다. 그리고 그것에 흠뻑 젖어들어야 한다. 노 젓는 놀이를 즐기는 것처럼…

5. 馬援曰 終身行善이라도 善猶不足이요 一日行惡이라도 惡自有餘니라

마원왈 종신행선 선유부족 일일행악 악자유여

마원(馬援)[5]이 말하였다. 인생을 다할 때까지 선을 행하여도 오히려 부족하고, 악한 일은 단 하루만 해도 악은 저절로 남음이 있느니라.

마원의 가르침은 선한 일이 얼마나 어렵고 한정이 없는지를 알려주고 있다. 선행은 돌로 만든 공든 탑과 같다. 악행은 그 공든 탑 위에 공들이지 않은 작은 돌 하나 올려놓는 것과 같다.

꼭 같이 작은 돌 하나 올려놓는 것인데, 외형적으로는 아무런 차이도 없다. 적어도 질료면에서는 그렇다. 하지만 마지막에 올려놓은 돌은 그 속에 오롯한 정성과 신실한 마음이 없었다. 그 돌의 모양과 빛깔이 아무리 좋았다 하더라도 그 탑이 한꺼번에 무너질 것은 불을 보듯 뻔하다.

우리가 삶의 살아가더라도 평생을 신실한 마음을 갖고 살았다고 하더라도 단 한 순간의 실수로 인생 전체를 망쳐버리는 경우를 주위에서 많이 볼 수 있다. 우리의 도덕성은 반드시 머리로만 하는 것이 아니라는 말을 많이 하는 것은 선행이 머리

---

5) 馬援은 중국 後漢의 장군으로 광무제를 동와 태중태부가 되었으며, 북베트남 지방의 반란을 평정하여 新息候가 되었다.

의 판단에 의한 사람의 말로만 되는 것이 아니라 가슴으로 느끼는 바에서도 이루어질 수 있다는 점을 일깨워주고 있다. 또한 아무런 말도 하지 않지만 그 삶 자체가 선을 행하는 모습도 볼 수 있다. 흔히 말이 앞서서 문제되는 경우는 많이 볼 수 있지만, 말을 잘 못해서 적게 해서 도덕적으로 비난받는 경우는 찾기 힘든 경우가 여기에 해당한다.

우리가 평생토록 선행을 쌓다보면 누가 알아주지 않더라도 자신의 삶이 결코 단조로웠다거나 품위가 없었다고 말하는 사람은 없을 것이다. 우리는 본인의 기질과 주변환경과의 조응에 의해 많은 유혹에 빠지게 된다. 선을 계속해서 행하기 위해서는 그 유혹에 빠지지 않도록 본인의 각오를 몸과 마음으로 잘 다스리는 것이 중요하다. 혹여 작은 실수를 하게 되면 그 허물을 고치는 데 온 힘을 쏟아서 다시는 그런 일이 없도록 해야 한다. 맹자(孟子)는 자신의 허물을 고치는 데 용감해야 한다고 말했다.

제2편 천명편(天命篇)과 청춘의 지혜

천명(天命)은 '하늘이 내리는 명령'이다. 우리가 앞에서 하늘의 존재와 그 위상의 다양성에 대해 살펴보았고, 그에 동의한다면 천명을 오히려 신명(神命)이라고 이해하는 것이 좋을 듯하다.

어떻든 이 신명으로서의 천명은 다양하다. 개별 피조물들의 탄생에서부터 성장, 질병, 죽음에 이르기까지의 명령, 다른 피조물과의 관계에 대한 명령, 좋은 행동을 했을 때 얻게 되는 상으로서의 명령, 잘못을 저질렀을 때 받게 되는 처벌로서의 명령 등 너무나도 다양하다. 피조물로 놓고 보면 자그마한 아메바에서부터 실개천에 피어오르는 아지랑이, 귀뚜라미의 울음소리, 뻐꾸기 소리, 저 멀리서 아치를 그리는 무지개까지 그 범위는 너무나도 많다. 신이 있어라 했기 때문에 있는 것이다.

신의 존재를 인정하지 않는 사람은 뻐꾸기가 자기가 울고

싫어서 우는 것이지 신이 울라고 해서 우는 것이냐고 반문할 수 있다. 신은 피조물에게 개별 행위 하나 하나까지 흥정을 하면서 존재의 품위를 인정해주는 것이 아니라고 본다. 뻐꾸기로 치자면 그렇게 울고, 그렇게 먹이를 잡아먹으며, 때가 되면 짝짓기를 하고, 때가 되면 예쁜 새끼도 갖게 되며, 또 때가 되면 자연으로 다시 돌아가는 이 모든 것에 존재이유를 부여해 준 것이다.

6. 孟子曰 順天者는 存하고 逆天者는 亡이니라

맹자왈 순천자존 역천자망

맹자[6]가 말했다. 천명(天命)에 순종하는 자는 보존되고, 천명을 거역하는 자는 망하느니라.

맹자의 이 가르침은 간명하다. 천명에 순종하면 살 것이고, 반역하면 죽게 될 것이라는 것이다. 유학(儒學)은 자연법[7]을 전제하고 있기 때문에, 천명은 곧 법이다. 또한 인간도 자

---

6) 孟子(BC 372?~289?)의 이름은 軻이다. 중국 전국시대 유교사상가이다.

7) 자연법이란 인위적이 아닌 자연적 성질에 바탕을 둔 보편적이고 항구적인 법률 및 규범을 말한다. 實定法에 대비되는 법 개념이다. 실정법이 민족이나 사회에 따라 내용이 달라지는 것에 비해, 민족·사회·시대를 초월해 영구불변의 보편타당성을 지니는 것이 특징이다. 이러한 사상은 시대에 따라 다양한 형태로 존재해왔으며, 특히 고대 그리스시대에는 실정법과의 관계에 대해 많은 이견이 있었다. 이를테면 아리스토텔레스는 자연법은 항상 똑같은 효력을 지니므로 인간의 판단에 근거한 실정법의 정의와 항상 일치하는 것은 아니라고 보았다. 반면에 스토아학파는 자연법이야말로 '올바른 이성'에 맞는 완전히 평등한 법이라고 보았고, 키케로 역시 '진정한 법은 모든 인간 안에 스며있는 올바른 이성'이라고 주장했다. 중세에 들어와 자연법은 그리스도교의 교의와 결합되면서 神法과 동일시되었다. 그러나 종교개혁 이후 중세 교회의 권위와 구속에서 벗어나자 자연법의 개념은 새로운 전기를 맞이했다. "자연법", 『네이버 지식백과』, 2015.10.29. 검색.

연의 일부이기 때문에 자연의 순리를 따라야 한다는 점을 강조한다.

한편 어떤 사람들은 인간이 금수(禽獸)와 같이 자연의 일부이기는 하지만 금수는 부모형제도 모르기 때문에, 적어도 부모형제를 구분할 줄 아는 것은 인간다움이라고 얘기한다.

하지만 굳이 그러한 차이 때문에 금수보다 인간이 낫다고 얘기할 것은 못된다. 왜냐하면 예외적이기는 하지만 늙은 부모새를 먹여 살리려는 까마귀를 반포지효(反哺之孝)의 상징으로 칭찬하기도 하기 때문이다. 또한 여왕을 군주로 모시고 기꺼이 자신의 목숨을 바치기도 하는 개미나 벌들도 있다.

자연에서 인간의 도덕성이 상대적으로 높다고 말할 필요까지는 없다. 인간은 나보다 못한 존재를 불쌍히 여길 줄 아는 자연의 존재이다. 가장 가까운 곳에 그 불쌍한 존재가 있는데, 부모가 바로 그 대상인 것이다. 유교(儒教)를 기득권을 유지하기 위해 부모가 자식에게 일러주는 가르침이라고 과소평가하거나 인간만이 그러한 행동을 할 수 있다는 과대평가는 모두 금물이다.

단지 인간은 피조물들 중에서 자신보다 못한 존재에 연민의 정을 많이 느끼는 존재이다. 피조물로서의 불완전성을 서로 느끼기 때문에 서로에게 의지하기 위해 공동체를 만들게 되는 것이다.

7. 子曰 獲罪於天이면 無所禱也니라

자왈 획죄어천 무소도야

공자가 말했다. 하늘에 대하여 죄를 지으면, 더 이상 빌 곳이 없다.

여기서 하늘은 구름 위에 있는 하늘의 범위를 넘어선다. 저 깊은 강물과 바다 속의 심연에도 신은 존재한다. 그리고 그 곳의 모든 피조물과 피조물이 되게 할 이무기들도 모두 관장한다.

그 하늘은 이 우주와 또 이 이 우주가 없어지고 다음 또 다른 우주가 만들어질 때 항상 작용하는 신이다. 결혼한 부부가 자녀를 간절히 바란다고 하자. 어떤 문화권에서는 신체 부위 중에서 더 많거나 좀 더 특이하게 생기면 신적인 존재로 여긴다고 하는데, 그 부부가 바로 그런 아기를 만들어 달라고 기도를 한다고 가정해보자. 그 부모의 바람과는 달리 그 자녀의 생성과 탄생은 손가락 10개 코 1개의 몸으로 태어나게 되어 있다. 물론 간혹 돌연변이를 일으켜 그렇지 않을 수도 있지만, 그러한 것도 신의 뜻으로 보는 것이 맞다.

하늘은 바로 그런 존재이다. 그 하늘에 대고 죄를 저질렀다는 것은 더 이상 물러설 곳이 없는 것이다. 우리가 흔히 본인의 결백을 주장할 때, "하늘에 맹세코!"라고 말하는데, 그만큼 간절하다는 뜻일 게다. 그렇다면 누군가가 "하늘에 대고는 아니고 나 이외의 다른 사람들에게 죄를 짓는 것은 되지 않나요"라고 물을 수 있다. 물론 권장할 바는 아니다. 다만 경중의 차이는 있을 뿐이다. 또 "스스로에게 죄를 짓는 것은 무방하지 않을까요"라고 물을 수 있다. 다른 사람에게 피해도 주지 않고 잠깐 자신을 속이는 것쯤은 용납될 수 있다는 뜻에서 그런 질문을 할 수 있을 것이다. 사실 자신에게 죄를 짓는 것은 다른 사람에게 죄를 짓는 것보다 더 옳지 못한 행동이다. 다른 사람과는 여러 가지 일로 관계가 복잡하게 얽혀있기 때문에 불가피하게 죄를 짓는 경우가 있을 수 있다. 정책입안자가 정책을 세울 때, 그 정책의 결과 혜택을 못 입거나 피해를 볼 경우가 여기에 해당된다. 그런데 자신에게 죄를 짓는 것은 정체성을 속이는 것이요, 자(=尺)의 눈금을 속이는 것과 같다. 우리가 치료목적의 성형이외에 사치를 목적으로 하는 성형수술을 터부시하는 것이나 지나친 화장을 하는 것 등을 옳지 않게 생각하는 것도 바로 이러한 이유에서이다.

제3편 순명편(順命篇)과 청춘의 지혜

이 순명편은 앞의 천명편과 견주어 주제나 내용에 있어서 유사한 점이 많다. 천명편은 주로 하늘의 명령을 강조하려고 하는 편집의도로 보이며, 순명편은 천명에 순종하는 인간의 태도와 가치관을 강조하는 면이 강한 것 같다.

순명은 천명에 순종(順從)하는 것이다. 순종이란 순순히 복종하는 것을 말한다. 강압에 못 이겨서 억지로 복종한다거나 귀찮아서 그냥 복종한다는 것이 아니다. 기쁜 마음으로 마땅히 내가 따르겠다고 하는 복종을 말한다. 이유가 없는 것이다. 왜냐 하면 하늘이라고 하는 자체가 나의 존재 근거이고, 내가 살아가야 할 이유이기 때문이다. 심지어 하늘이 나를 죽음으로 이끈다고 해도 순순히 받아들이는 것, 그것이 바로 순종이고, 순명이라고 할 수 있다.

8. 子曰 死生有命이면 富貴在天니라

자왈 사생유명 부귀재천

공자가 말했다. 죽고 사는 것은 하늘의 명에 달려있고, 부귀는 하늘에 달려 있느니라.

인간사에 있어서 가장 중요한 것은 죽고 사는 문제일 것이다. 여기서 공자가 생사(生死)라는 용어 대신에 사생(死生)이라는 용어를 사용한 것에 주목할 필요가 있다. 전자는 자연법칙에 따른 생로병사(生老病死)를 줄여놓은 말이다. 후자는 "살기가 너무 힘들다. 죽고 싶다"고 삶에 회의감을 가지는 사람들에게 죽음이 그리 쉽게 되는 것이 아니라는 점을 강조하기 위해서 사용한 것 같다. 모든 피조물은 태어나면서부터 고해(苦海) 속을 유영하는 것이다. 가장 안전하고 가장 편안한 상태는 어미의 태중이었을 것이다. 먹거리를 찾아서 잘 곳을 찾아서 덮을 이불을 찾아서 헤매지 않아도 되기 때문이다. 그런 고해의 삶을 안고 우리는 이 세상을 살아가게 되는 것이다. 때로는 자신의 비참한 현실에, 그 현실에 쪼들린 자신의 모습에, 상대적으로 느끼는 박탈감에 우리는 쉽게 절망에 빠지게 된다. 파스칼이 인간은 단지 생각만 하는 갈대에 지나지 않는다[8]고 말

---

8) 파스칼(1623~1662)은 프랑스의 수학자이자, 물리학자, 발명가, 철학자, 신학자이다. 12세 때 유클리드 기하학에 몰두하여, 16세에는 데자르그(Desargues)의 사영기하학(射影幾何學)을 근거로 하여, 『원

한 것은 바로 여기에 해당된다. 그래도 우리는 어떤 유행가 가사처럼 옷 한 벌은 건졌다.[9)]

생각지도 못했던 큰 재앙을 맞았을 때, 도시인과 시골 촌부의 텔레비전 인터뷰 내용을 가끔 보게 된다. 우리가 IMF 경제위기 때 잘 다니고 있던 회사에서 강제 해직된 사람들이 얼마나 많았던가. 도시의 직장인들은 자신의 지식과 노동력을 기반으로 서비스를 제공하고 그 댓가로 살아간다. 그 회사 말고는 삶의 터전이 없다. 심지어 극단적인 선택을 하는 사람들도

추곡선론』(Essai pour les Coniques)을 기술하였고, 그 후 1642년 계산기를 발명하였다. 파스칼은 확률론, 수론(數論) 및 기하학 등에 걸쳐서 공헌한 바가 크다. 1646년 토리첼리의 기압계 실험을 배움으로써 진공이 존재한다는 가설을 주장하였는데, 그의 진공 및 공기압력에 관한 이론은 자연에 관한 역학이론을 발전시키고 자연의 신비성을 제거하는 데 큰 몫을 했다. "파스칼", 『네이버 지식백과』, 2015.10.29. 검색.

9) 가수 김국환의 「타타타」(1992)라는 노래를 말한다. 가사는 다음과 같다.

네가 나를 모르는데 난들 너를 알겠느냐
한치앞도 모두몰라 다안다면 재미없지
바람이 부는날엔 바람으로
비오면 비에젖어 사는거지
그런거지~ 음음음 어 허허~
산다는건 좋은거지 수지맞는 장사잖소
알몸으로 태어나서 옷한벌은 건졌잖소
우리네 헛짚는 인생살이 한세상 걱정조차없이살면
무슨재미~ 그런게 덤이잖소 (하략)

많다. 그들의 삶은 절박한 것이다. 소위 "잘리면 끝이다"라는 정서를 항상 않고 사는 것이다. 그럼에도 불구하고 가끔은 단합대회도 하면서 그 회포를 풀곤 한다.

그런데 시골의 촌부는 올해 태풍이 불어서 흉년이 들면, "내년에는 풍년이 되겠지"라고 말한다. 그러면서 너털웃음을 짓곤 한다. 그렇다. 우리는 시골 촌부의 태도에서 내일이 있다는 희망을 발견하게 된다. 도시 생활에서도 그와 유사한 희망을 설계해봄직하다. 누구나 농사를 지을 수 있다는 주말농장을 가져봄직한 소박한 대안도 중요하지만 현재의 직장에 대한 전문성도 중요하지만 시대적 조류에 부응할 수 있는 토대가 되는 도시민으로서의 역량 같은 것을 쌓아가는 것이 중요할 것이다. 기술중심의 소위 '스펙 쌓기'를 하라는 권유는 아니다. 운동으로 치자면 기초체력을 다지는 그런 노력이 필요하다는 얘기다. 일단 살고자 하면 하늘은 죽음을 쉽게 허락하지 않는다. 왜냐하면 신은 피조물의 탄생을 온 정성으로 만들었기 때문에 그 투자한 노력이 아까워서라도 쉽게 피조물의 존재를 부정하지 않을 것이기 때문이다.

이런 죽고 사는 문제에 대한 가치관이 정립(鼎立)되면, 얼마나 부자가 되는가의 문제가 따른다. 죽고 사는 문제도 해결했는데, 얼마나 가지는가의 문제야 크게 문제되지 않을 것이다. 하지만 인간은 워낙 간사한지라 쉽게 옆을 보게 된다. 다른 사람이 나보다 더 큰 떡을 갖지나 않았는지 나보다 더 좋은 차를 몰고 다니지 않는지 내 집보다 더 넓은 평수에 살고 있지 않는지에 대해 살피게 된다. 더 나아가서 옆집 집 아이가 더 좋은 대학에 들어가지나 않았는지 더 좋은 직장에 취직하지 않았는지 등 관심가질 데가 너무 많다. 이 모든 것도 하늘이 결정해주는 것이다. 뿌린 대로 거두게 되는 것이다. 평상시에는 공부하지 않고 친구들이랑 몰려다니면서 놀이공간이나 어정거리다가 시험보고 나서 성적이 좋지 않다고 말하는 학생이나 평상시에는 공부할 수 있도록 분위기를 만들어주지 않으면서 성적표 가져오면 그때 야단치는 부모 모두 마찬가지다. 실현 가능한 수준의 목표를 설정하고 차근차근 노력하면서 자신의 약점을 보완하는 방향으로 나아간다면 당장 원하는 시간 내에 무엇인가를 이루지는 못하더라도 종국에는 꿈을 이루게 된다.

9. 景行錄云 禍不可倖免이요 福不可再求니라

경행록운 화불가행면 복불가재구

『경행록』10)에 이르기를, 요행으로 화(禍)를 면하려 하지 말 것이며, 복은 주어진 것으로 만족하고 두 번 다시 구하려고 억지를 부리지 말라.

화(禍)는 곧 재앙(災殃)이고, 불행(不幸)이다. 이 화는 인간이 한 행동에 대해 결과로서 안겨다주는 결산이다. 잘 했을 경우 상을 주지만 잘못했을 경우 이와 같이 화를 안겨준다. 만약에 대인관계나 직장생활 속에서 나는 정당하게 노력했는데 평가가 잘못되었다면 소청(所請)을 할 수 있다. 세금이 너무 많이 나오면 국세청에 그 원인이 무엇인지 확인할 수 있는 것과 같다. 마땅히 물어볼 수 있는 권리가 있다. 그럼에도 불구하고 정당하게 그것이 평가되었다면 두 말하지 말고 따라야 한다.

하늘의 재앙도 마찬가지다. 나는 아무런 죄가 없는데 하늘이 화를 내렸다고 하자. 우리 인간에게는 소청할 수 있는 권리가 있다. 궁금하면 누구에게나 물어볼 수 있다. 그래야 다음에 현재의 잘잘못을 토대로 더 이상의 과오를 저지르지 않을 수 있기 때문이다. 대개의 경우 하늘의 재앙은 진지한 기도를 하면 그 과오의 출발점이 자신에게서부터 비롯되었음을 깨닫게

10) 『景行錄』은 송나라 때의 저작으로 '착한 행실을 기록한 책'이다.

될 것이라고 본다. 하늘은 인간에게 여러 자유의지를 주었는데, 그 중에서도 대표적으로 신을 영접할 수 있는 자유의지, 그리고 스스로의 과오를 뉘우치는 자유의지를 주었다. 성경의 욥기에는 신에게 따져 묻는 인간의 모습이 나온다. 진지하게 물어볼 때 신은 내 과오의 원천이 어디에서부터 시작된 것인지 알려준다.

그리고 주어진 복에 만족하라는 가르침은 자신이 가진 현재의 역량과 노력해서 얻을 수 있는 기대치보다 지나치게 높은 수준을 설정하지 말라는 것이다. 만약 그렇게 될 경우에는 정상적이지 못한 방법으로 원래 설정한 목표를 달성하려고 억지를 부릴 수 있기 때문이다.

그런데 일상생활을 하다보면 어느 정도가 적정수준인지를 예측하기가 쉽지는 않다. 주식투자가 여기에 해당된다. 주식이라는 개념이 도입된 것은 그리 오래되지 않는다.

제4편 효행편(孝行篇)과 청춘의 지혜

효행은 효를 행한다는 뜻이다. 자녀가 부모에게 행하는 도리를 말한다. 우리 공동체를 움직여 나가는 도덕적 원리는 다양하게 많지만 효만큼 근본적인 것은 없다.

효는 부모와 자식 간의 수직윤리이다. 효는 예로부터 나라에서도 충신을 고르기 위해서는 효자 중에서 고르면 된다는 말이 있을 정도로 중요한 덕목이었다. 충신으로서 군왕에게 충성하는 것은 자식이 부모에게 효도하는 것과 같은 작동원리를 갖고 있기 때문이다.

그만큼 효는 공동체를 움직여나가는 데 핵심이 되는 덕목이다.

10. 時曰 父兮生我하시고 母兮鞠我하시니 哀哀父母여 生我劬勞샷다 欲報深恩인대 昊天罔極이로다

시왈 부혜생아 모혜국아 애애부모 생아구로 욕보심은 호천망극

『시경』에 말하였다. 아버지여! 나를 낳으시고, 어머니여! 나를 기르시니, 슬프고 슬프도다. 부모여! 나를 낳아 기르시느라 애쓰셨도다. 그 깊은 은혜가 하늘과 같이 높아서 갚고자 해도 끝이 없도다.

자식이 부모의 사랑을 갚기란 불가능하다. 이기 나에 대한 부모의 사랑이 베풀어져버렸기 때문에 시간적으로 너무 멀어 불가능하다. 제때 돌려드리지 못하기 때문이다. 내가 가장 약한 존재일 때 나를 길러주셨다. 나의 의지대로 어디를 갈 수도 없는 내 작은 손가락만 빨 수 있는 그런 존재인 나를, 이른바 피덩어리를 어루만지고 또 어루만져서 사람된 모습으로 가다듬어 주셨다. 그리고 장성하여 이제사 그 은혜를 갚으려고 하면 부모님은 이 세상에 계시지 않는다. 너무나 원통한 일이다.

그런데 이 부혜생아(父兮生我)이라는 구절과 모혜국아(母兮鞠我)라고 하는 구절은 여전히 궁금하다. 아버지가 나를 낳으시고, 어머니가 나를 기르셨다는 말은 거꾸로 되어야 하지 않나 하고 여러 번 생각해본다. 아버지의 역할이 미미하니깐 낳

게 하는 역할을 부여했는지도 모르겠다. 역할 교대의 표현으로 부모님의 위상이 동격임을 강조하려는 뜻도 있지 않을까 생각한다.

어떤 불효자식은 부모가 자기를 낳은 것은 단지 육체적 기쁨으로 인한 것이고 기른 것은 어렸을 적 자기가 귀여웠기 때문이라고 말한다. 전혀 틀린 말은 아니다. 자식 낳다 저 세상으로 떠난 어머니나 자식 먹을거리 마련하려다 풍찬노숙(風餐露宿)을 마다 않고 돈벌이하는 아버지를 생각한다면 그렇게 말할 수 없을 것이다. 갑자기 현진건의 『운수 좋은 날』이 생각난다.

또 다른 불효자식은 왜 자식만 부모를 공양해야 하느냐고 항변할 수도 있다. 부모가 제 자식 돌보지 않는 경우는 거의 없다. 동물도 마찬가지이다. 그러나 자식이 부모를 돌보는 경우는 동물 세계에서는 거의 없다. 심지어 잡아먹기까지 한다.

자식이 부모를 존경하고 가정 내에서 잘 대해드리는 것은 인간의 가장 돋보이는 도덕적 장점이다.

11. **子曰 孝子之事親也**에 **居則致其敬**하고 **養則致其樂**하고 **病則致其憂**하고 **喪則致其哀**하고 **祭則致其嚴**이니라

자왈 효자지사친야 거즉치기경 양즉치기락 병즉치기우 상즉치기애 제즉치기엄

공자가 말했다. 효자가 어버이를 섬길 적에는 평상시 생활에서 공경을 다하고, 봉양할 때에는 그 즐거움을 다하고, 병이 드시면 그 근심을 다하고, 돌아가시게 되면 그 슬픔을 다하고, 제사지내게 되면 그 엄숙함을 다하느니라.

이 대목은 공자가 효를 어떻게 가정에서 행해야 하는지를 말하고 있다. 아침에서부터 저녁까지, 어렸을 적부터 부모가 세상을 떠날 때까지 언제나 부모를 잘 섬기기를 권하고 있다.

평상시 행동을 할 때는 공경하는 마음이 지극해야 한다. 그래서 예로부터 저녁 이부자리를 펴드리고 아침 기침시에는 "안녕히 주무셨습니까?"라고 문안인사를 드리는 것이다. 요즘이야 핵가족 시대이므로 매일 그렇게는 할 수 없을 것이다. 1주일에 한번 또는 한 달에 한번을 문안인사를 드리더라도 정성을 다해야 한다. 대개 부모님들은 자식들에게 많은 걱정을 하는 경향이 많다. 가능하면 말씀을 많이 들어드리는 것도 좋은 방법일 것이다.

봉양할 때는 즐거운 마음으로 해야 한다. 아무리 좋은 음식이라도 부모님께 기꺼운 마음으로 봉양하지 않으면 얼굴에 표가 날 수밖에 없다. 부모가 재산이 많아 자식 된 도리로 모시지 않을 수 없게 되었는데, 생전에 쓸 수 있는 돈은 모두 자식에게 넉넉하게 주는 집안일 경우 이러한 불효를 저지를 수도 있다. 부모에 대한 봉양은 물질의 양과 질에 의해 결정되는 것이 아니라 그 속에 담긴 자식의 정성에 의해 결정되는 것이다.

부모가 병이 들면, 직장 있는 자식으로서 잘 모실 수가 없는 것이 현실이다. 미래를 위해 요양원이나 요양보호사 제도 등도 알아보고, 형제들 간에 그러한 방안에 대해 논의해보는 것도 좋을 듯하다. 긴 병에 효자 없다는 말도 있다. 부모와 자식 간에 서로 사정을 뻔히 아는 상황에서 부모가 자식에게 일방적으로 가정 내에서 효를 다하라고 요구하는 것도 무리다. 시류에 따를 필요가 있다. 다만 자식들은 그러한 일을 당연한 것으로 전제하고 부모에게 말씀드리는 것보다 TV를 본다거나 평상시 대화 속에서 은연중에 여쭈어보는 것이 좋을 것이다.

지극정성으로 모시고도 돌아가시게 되면, 그 슬픔이야 오죽하랴. 대개 부모님 생전에 내가 못해드린 것들이 떠오르면서 일종의 죄책감 때문에 슬픔에 잠기게 되고, 오랜 시간이 지나면 안 계시는 허탈감, 그리고 그러한 슬픔이 다 가시고 나면 부모님과의 좋은 추억들이 떠오르게 된다. 이 모든 것을 운명으로 받아들이고 하늘에 맹세코 부모님께 실망시켜드리는 일을 하지 않도록 조심해야겠다. 실수로 인해 그러한 일을 저질렀다면, 부모님 생전에 그 실망감을 풀어드려야 할 것이고, 아쉽게도 돌아가셨다면 그 영혼을 달래는 마음으로 매사 근신하면서 말과 행동을 삼가야 할 것이다.

간혹 우리는 부모보다 먼저 저 세상으로 가는 자식을 보게 된다. 형제가 있을 경우, 해외 장기 출장을 갔다거나 병원에서 장기입원 중이라고 말씀드리는 것도 좋을 듯하다. 예로부터 자식을 저 세상으로 보내는 것을 하늘이 무너진다(=天崩)고 표현했다. 그것은 부모님 돌아가시는 것만큼이나 슬프고 또 슬픈 일이다.11)

공자의 가르침을 따를 때, 유의해야 할 일이 있다. 지극 정성으로 부모님을 잘 모시는 것이 진정한 효는 맞지만 자신의 형편이나 풍속의 정도를 지나치게 벗어나서 부모를 봉양하는

---

11) 고대 그리스 시대 소크라테스의 제자이자 군인이었던 크세노폰의 아들의 죽음에 대한 태도는 많은 여운을 남긴다. "그때 크세노폰은 머리에 관을 쓰고 희생제식을 치르던 중이었다. 그에게 아들의 죽음을 알렸을 때, 그는 관을 벗었다. 그러나 아들이 명예롭게 전사했다는 얘기를 듣고는 다시 관을 썼다. 그리고 눈물 한 방울 흘리지 않으며, "자식을 낳았을 때 나는 그 아이가 언젠가는 죽을 것이라는 것을 이미 알고 있었소"라고 말했다." 로제 폴 드르와, 쟝 필립 드 토낙, 임왕준 역, 『그리스 로마 철학자들의 삶과 죽음의 명장면』, 샘터, 2002, p.107.

것은 예가 아니다. 선조들은 이를 두고 과공비례(過恭非禮)라고 말했다. 신체 부위를 도려내어 봉양한다거나 갖은 고가의 수의나 관으로 망자의 명예보다 자식의 명예를 드러내려한다거나 가계가 흔들릴 정도로 호화분묘를 장식하는 등의 효도는 진정한 효도의 범위를 넘어선 것이다. 부모에 대한 공경은 그래서 어려운 것이다.

12. 太公曰 孝於親이면 子亦孝之하나니 身旣不孝면 子何孝焉이리오

태공왈 효어친 자역효지 신기불효 자하효언

태공이 말하였다. 내가 부모에게 효도하면 내 자식이 또 한 나에게 효도 하나니, 내가 이미 어버이에게 효도하지 않는다면 내 자식이 어찌 나에게 효도하겠는가?

효가 옳고 좋은 것이라는 것은 자명하다. 그런데 이것을 어떻게 가르칠 것인가는 더 중요하다. 우리가 무엇인가를 제대로 안다고 해서 제대로 느끼고 또 그것을 실천하는 것은 많은 제한이 있다. '도덕적 게으름'이라고 번역되는 아크라시아[12)]가 바로 그 한 예이다.

물론 제대로 된 앎 속에는 제대로 된 느낌과 제대로 된 실천적 경험이 모두 포함될 수 있겠으나, 현대의 도덕심리학자

---

12) 아크라시아(ακρασια)란 최선의 결과를 의도한 행위가 좋지 않은 것으로 끝나게 만든 심적 상태나 속성을 말한다. 플라톤의 『프로타고라스』에 등장하는 소크라테스에 따르면, 사려깊은 사람은 항상 최선을 지향하며, 최선을 위한 수단을 마련하기 위해 심사숙고하는 사람이다. 그런데 만약 어떤 사람의 행위가 최선에 반하는 것으로 끝났다면 이것은 단지 무지에서 비롯된 것이거나 아니면 사려 깊은 사람이 아니기 때문이다. 따라서 소크라테스에게 있어서 이 아크라시아는 도덕적인 문제가 안된다. 반면에 도덕에 있어서 관습의 중요성을 강조한 아리스토텔레스에게 있어서는 아크라시아는 중요하게 다루어진다. 이에 대한 심층깊은 연구는 다음이 있다. 김남준, "아크라시아 가능성 논쟁: 소크라테스와 아리스토텔레스를 중심으로", 『철학논총』 62, 새한철학회, 2010, pp.3-33.

들의 노력은 그렇지 않은 점이 있을 수 있다는 점을 지적하고 있다. 어떻든 효를 제대로 안다고 하는 인지적 측면에서만 국한해서 얘기해보자면, 태공이 말하고 있는 되갚음을 전제한 효의 실천은 그 수준이 높은 것은 아니다. 도덕심리학자 콜버그[13]에 따르면 도덕발달단계 1~2단계에 해당될 뿐이다.

그렇지만 태공의 효행에 대한 가르침이 인지발달의 단계에서는 수준이 높은 것은 아니라 할지라도 그것을 어떻게 자녀

---

13) L. Kohlberg(1927~1987) 1927년 뉴욕 브롱스빌(Bronxville)의 부유한 가정에서 태어났다. 1949년에 우수한 성적으로 시카고 대학교를 졸업하고 1958년에는 동대학교에서 박사 학위를 취득했다. 학창 시절에는 장 피아제의 인지 발달 이론의 영향을 받았으며, 박사 학위 논문에도 그 흔적이 강하게 나타나고 있었다. 1969년 이스라엘 방문을 계기로 정의 공동체(just community)라는 신개념을 도입하게 된다. 그가 말하는 3수준 6단계설은 다음과 같이 요약된다. 제1수준은 인습 이전 수준(Pre-conventional level)으로, 1단계로 벌과 복종의 단계(Obedience and punishment orientation), 2단계로 도구적 목적과 교환의 단계(Self-interest orientation)가 있다. 제2수준은 인습 수준(Conventional level)으로 3단계로 개인간의 상응적 기대, 관계, 동조의 단계(Inter- personal accord and conformity), 4단계로 사회체제와 양심보존의 단계(Authority and social-order maintaining orientation)가 있다. 제3수준은 인습 이후 수준(Post-conventional level)으로, 5단계로 권리 우선과 사회계약, 혹은 유용성의 단계(Social contract orientation), 6단계로 보편윤리적 원리의 단계(Universal ethical principles)가 있다. "콜버그", 『위키백과』, https://ko.wikipedia.org/wiki/%EB%A1%9C%EB%9F%B0%EC%8A%A4_%EC%BD%9C%EB%B2%84%EA%B7%B8, 2015.10.29. 검색.

들에게 가르칠 것인가는 본보기(modeling)보다 더 좋은 것은 없다는 것이다. 굳이 내가 자식들로부터 효를 받고자 하지 않더라도 진실한 마음으로 부모에게 효도를 다하면 자식도 나의 효행을 닮게 된다는 것이리라.

우리는 가끔 생활 속에서 자식이 잘못했을 때 훈계를 하고 하는데, 불현듯 옛날 아버지가 나에게 혼내는 모습을 내가 그대로 하는 경우를 발견하곤 한다. 인간의 행동은 이와 같이 우리가 알지 못하는 사이에 은연중에 그대로 답습하는 것이 많이 있다는 점에서 태공의 가르침은 의미가 있다. 우리의 행동은 DNA, 세포, 뉴런, 림프구, 심장과 같은 장기, 복합 기능의 뇌에 이르기까지의 몸 전체의 역동적인 상호작용과 지성과 감성, 미세한 느낌 등과 같은 신경생리학적인 모든 기능들이 복합적으로 동원된다.[14] 따라서 우리의 도덕적 행동도 마찬가지의 복합적인 작용과 기능에 의해 도출된다. 오히려 더 미묘한 작용이 전제되어야 한다.

---

14) 1972년 노벨 생의학상을 수상한 G. M. Edelman의 기억 개념은 참고할 만하다. “기억은 생명과 진화가 일어날 때만 나타나는 과정이며, 재인에 대한 과학이 기술하는 시스템을 일으키는 과정이다. 기억이라는 용어는 유전, 면역반응, 반사학습(reflex learning)이 갖는 측면을 기술하며, 또 지각적 범주화를 따르는 참된 학습, 그리고 여러 가지 형태의 의식이 지니는 측면들을 기술한다. 기억의 유형은 DNA, 림프구, 뉴런, 복합 뇌 등이 있다.” G. M. Edelman, 황희숙 역, 『신경과학과 마음의 세계』, 범양사, 2010, pp.301-302.

제5편 정기편(正己篇)과 청춘의 지혜

정기란 몸을 바르게 한다는 뜻이다. 여기서 몸은 비단 육체적인 몸뿐만 아니라 정신까지도 포함한다. 우리가 일상생활을 하다가 다른 사람에게 자신의 생각을 전달할 때가 있다. 그런데 한참 얘기를 해도 무슨 말인지를 다른 사람이 모를 경우, 말하는 사람 본인도 모를 경우가 많다. 책을 번역할 때도 마찬가지이다. 완전한 문장이라고 번역을 해놓았는데, 다른 사람이 읽어보고 무슨 말인지 모른다면 번역자 자신도 무슨 말인지도 모르고 대강 대강 옮겨놓은 것이다.

올바른 대인관계의 첫 단추는 바로 자신의 몸을 가지런히 하는 데서부터 출발한다. 한 발걸음 없이 어찌 천리 길의 행군을 완주할 수 있겠는가.

13. **性理書云 見人之善**이어든 **而尋己之善**하고 **見人之惡**이어든 **而尋己之惡**이니 **如此**라야 **方是有益**이니라

성리서운 견인지선이심기지선 견인지악이심기지악 여차 방시유익

『性理書』15)에 이르기를, 남의 선한 것을 보게 되면 나도 선하게 행동해야 하겠다는 생각하고, 남의 악한 것을 보거든 나의 악한 점은 없는지 찾아야 한다. 이렇게 하는 것이 유익한 삶이다.

여기서 『性理書』의 가르침은 대인관계에서 타인의 잘잘못을 거울삼아서 자신을 바르게 하라는 것이다. 삶을 혼자서는 살 수 없다. 필연적으로 다른 사람들과의 관계 속에서 이루어지는데, 이때 다른 사람의 행동은 내가 살아가는 데 있어서 중요한 배움의 터전이 된다. 다른 사람이 옳고 좋은 행동을 하면 내가 기꺼이 배우려고 하는 마음을 가지는 것이 중요하다. 곧 그것은 자신의 자산이 되기 때문이다. 그러다가 그러한 사례를 많이 하는 인물이나 서책을 알게 되면 그 인물의 행동거지 하나하나를 닮으려고 하고 그 서책의 한 구절 한 구절을 되뇌

15) 여기서 『性理書』란 『性理大全』을 말한다. 明나라 永樂帝의 명을 받아 호광(胡廣) 등 42명의 학자가 송나라 때 성리학설을 집대성하여 편집한 책이다.

는 노력을 하게 된다. 그렇게 되면 자연스럽게 그러한 인물이나 그 서책의 가르침대로 살 수가 있는 것이다.

반면 우리 주변에는 악한 사람 악한 행동들도 보게 된다. 자동차 운전을 할 때 과격한 보복운전을 해서 상대편을 공포감에 몰아넣는다거나 도서관에서 소리 내어 껌을 씹거나 아무 곳에서나 담배를 피우고 꽁초를 아무 곳에나 버리거나 하는 등의 행동 등이 바로 그 예들이다. 그런 행동을 보고서는 즉각 나는 그런 행동을 한 적이 없는가라고 반성할 줄 알아야 한다. 어쩔 수 없이 한번쯤 그런 행동을 했을 경우, 재발방지를 위한 각오를 새롭게 다지는 노력이 필요하다.

이와 같이 다른 사람이 하는 모든 행동은 그것이 선한 것이건 악한 것이건 나의 향후 행동에 많은 도움이 된다. 다만 그것을 받아들일 때 제대로 받아들이지 않으면 다음에 머릿속에 분명하게 각인되지 않기 때문에 명확하게 다짐을 해야 한다.

14. 太公曰 勿以貴己而賤人하고 勿以自大而蔑小하고 勿以恃勇而輕敵이니라

태공왈 물이귀기이천인 물이자대이멸소 물이시용이경적

태공(太公)이 이르기를, 자신을 귀하게 여기고 남을 천하게 여기지 말며, 약한 사람 앞에서 자신을 과시하지 말고 그들을 업신여기지 말며, 자신의 용맹을 믿고서 적(敵)을 가볍게 여기지 말지니라.

여기서 태공의 가르침은 세 가지이다. 첫째, 자신에 대한 깊은 사랑과 다른 사람에 대한 사랑이다. 이 세상에서 가장 소중한 존재는 자기 자신이다. 다른 사람이 나를 존중해 주기 전에 스스로에 대한 사랑이 전제되지 않으면 아무도 그 값어치를 인정해주지 않는다. 나라에 대한 사랑도 마찬가지이다. 대한민국을 우리가 사랑하지 않는데 어떤 나라 사람들이 대한민국을 사랑하겠는가? 이것은 운명이다. 자신에게 가장 가까운 것부터 사랑하는 마음이 점차 커졌을 때 더 큰 사랑도 할 수 있는 것이다. 더 큰 사랑의 출발점은 자기 자신이라는 것이다.

동시에 다른 사람에 대한 사랑도 중요하다. 왜냐하면 나의 대상인 그 사람도 스스로를 사랑하는 존재이기 때문이다. 내가 나를 사랑하듯이 그 사람도 자신을 사랑하게 된다. 내가 스스로에 대한 사랑을 인정받고 싶으면 그 사람의 존재도 동시

에 인정해주어야 한다.

둘째, 나보다 약한 사람 앞에서 나를 과시하거나 그들을 무시해서는 안 된다. 나보다 약한 사람이란 나보다 어리거나 나보다 힘이 없거나 나보다 가진 재산이 적거나 나보다 권력이 없거나 모든 면에서의 역량이 나보다 낮은 사람을 말한다. 그 사람도 나름대로 자신이 처한 상황 속에서 최선을 다해 살아가고 있다. 어떻게 보면 그 사람이 있기 때문에 내가 무엇인가를 가지게 되는 셈이므로 그 존재를 있는 것만큼 그대로 존중해야 한다. 몽테스키외[16]가 태어났을 때, 그의 아버지는 몽테스키외의 가톨릭 세례에서 대부를 거지로 삼았다는 얘기가 있다. 그 거지가 아무런 가진 것이 없었다고 하더라도 하느님의 자녀가 되는 데 중요한 입회자가 될 수 있고 그의 아들이 신앙심을 지속하는 데 중요한 징표가 될 수 있다고 판단했기 때문

---

16) Charles De Montesquieu(1689~1755)는 프랑스 계몽시대의 정치학자이다. 그의 저서는 프랑스 부르주아 혁명의 지도자들에게 대단히 많은 영향을 미쳤다. 그는 영국의 사상, 특히 로크의 영향을 받아 절대군주제를 격렬하게 비판하고 국가의 기원, 법의 본성을 설명하고자 하면서 자연적인 기초 위에서 사회개혁의 계획을 세웠다. 그리고 정부의 형태로서 입헌군주제를 최선의 것으로 생각하고, 3권 분립, 양원제 의회를 주장했다. 그가 자연과 사회를 동일시했던 것은 중세적인 신의 섭리로 사회를 설명하는 것과는 완전히 대립하고 있다. 지리적 유물론을 주장하여, 일국 인민의 도덕적 특징, 법의 성격, 정부의 형태 등은 기후 · 토지 · 영토의 넓이 등에 의해 규정된다고 했다. "몽테스키외", 『네이버 지식백과』, 2015.10.29. 검색.

일 것이다. 이러한 아버지의 가르침을 통해서 훗날 몽테스키외는 관용의 정신을 몸소 실천했던 것이다.

셋째, 자신의 용맹을 믿고서 적을 가볍게 여기지 말라는 것이다. 사자가 토끼 한 마리를 잡는 데도 최선을 다한다는 말은 여기에 해당된다. 여기서 적이란 일상적인 모든 사람이 될 수도 있을 것이다. 다만 자신의 목표를 달성하는 데 방해되는 모든 존재와 상태를 말하는 것일 게다. 일상생활 속에서 우리가 달성할 수 있는 목표는 매우 다양하고 그 숫자도 많다. 하지만 그것을 달성하기 위해 대충해서 될 일은 아무 것도 없다. 우리가 흔히 가장 쉬운 일을 "식은 죽 먹기"라고 말한다. 그러나 그 죽도 아무 생각없이 먹게 되면 배탈이 난다. 급하게 먹다가 기도가 막혀서 기침을 하다가 아까운 죽을 뱉게 되는 경우도 있다. 냉수마시는 경우도 마찬가지이다. 아주 쉬운 일도 내 마음이 흐트러지면 이룰 수 없다.

15. 道吾善者는 是吾賊이요 道吾惡者는 是吾師니라

도오선자 시오적 도오악자 시오사

나의 좋은 점을 말하는 자는 나의 적이요, 나의 나쁜 점을 말하는 자는 나의 스승이니라.

아첨꾼과 충직한 친구를 구분해야 함을 얘기하는 것이다. 진정한 친구는 나의 잘못된 점을 있는 것 그대로 지적해준다. 비록 친구가 당장은 기꺼운 마음으로 받아들이지 않더라도 나중에 알게 된다. 하지만 아첨꾼은 사탕발림으로 얘기를 한다. 제3자에게 가서는 온갖 흉을 다 보면서도 직접 당사자가 앞에 있어서 갖은 아첨과 칭찬을 늘어놓는다. 아무리 사람이 간사하다고 할지라도 대체로 자신 앞에서 칭찬을 늘어놓는 것은 깊이 경계해야 한다.

16. **子曰 君子有三戒**하니 **小之時**엔 **血氣未定**이라 **戒之在色**하고, **及其壯也**하여는 **血氣方剛**이라 **戒之在鬪**하고, **及其老也**하여는 **血氣旣衰**라 **戒之在得**이니라

자왈 군자유삼계 소지시 혈기미정 계지재색 급기장야 혈기방강 계지재투 급기노야 혈기기쇠 계지재득

공자가 말했다. 군자(君子)가 세 가지 경계할 것이 있다. 어렸을 적에는 혈기가 왕성해서 여색(女色), 남색(男色), 주색(酒色)을 경계해야 하고, 장성해서는 강성하기 때문에 다른 사람과 싸우는 것을 경계하고, 늙어서는 혈기가 이미 쇠한지라 지나치게 많이 얻으려는 것을 경계해야 한다.

인간은 육체적인 생로병사의 과정을 필연적으로 밟게 되어 있다. 아무 것도 모르던 청소년기에는 부모님의 가르침대로 하면 안전하다. 이후 청년기에는 한 번도 경험해보지 못한 자기 몸 속의 혈기가 밖으로 분출되는 시기이다. 그리고 남녀 모두 호르몬의 분비 증대에 따라 성징(性徵)이 나타난다. 남자는 고환의 기능 발달로 정자를 배출하기 위해 몽정(夢精)을 하기도 하고, 여자는 임신 가능성의 증거이기도 하며 여성성의 상징이라고 할 수 있는 월경(月經)을 비롯해서 신체적 변화가 일어난다. 이때 특별히 유의해야 한다. 왜냐하면 그 이전에 한 번도 겪어보지 못한 육체적 변화이고, 동시에 거기에는 말초

적 희열이 동반되기 때문이다.

이와 동시에 주색도 경계해야 한다. 혈기가 왕성하기 때문에 회식자리에서 술을 많이 마셔도 견뎌낼 수 있다. 흔히들 자신의 주량을 얘기하면서 “나는 말 술이라서 아무리 많이 마셔도 취하지 않는다”고 말하는 사람을 보게 되는데, 전혀 안 맞는 말을 하고 있다. 정말 “술 앞에는 장사 없다”는 속언이 맞다는 것을 나중에서 깨닫게 된다. 그리고 몸만 망치는 것이 아니라 취중에 실언(失言)을 해서 신세까지도 망치게 된다. 이 기간 중에 잘못된 길로 접어들게 되면 이후 삶이 계속해서 꼬이게 된다.

그런데 이러한 색은 다른 것들과 연계가 되면 그 파급효과는 일파만파이다. 특히 밤 시간에 조심해야 하고, 운동이 끝나고 이어지는 회식을 조심해야 한다.

장성해서는 기력이 극에 달하기 때문에, 지나면서 누가 나에게 시비를 걸어주지 않나 하고 엉뚱하게 생각하기 십상이다. 특히 남자의 경우가 그렇다. 거기다 주로 대학진학을 하면서 자신의 운동 특기를 갖기 시작한 사람은 태권도, 쿵후 등 격투기를 하는 사람들은 특히 조심해야 한다. 또래의 다른 사람들도 모두 혈기 왕성하기 때문에 아차 잘못하는 순간 싸움에 휩쓸리게 된다. 공교롭게도 여자 친구나 가족이 연계되면 그런 싸움의 유혹을 견뎌내기 힘들다.

나이가 들어서는 혈기가 쇠하여, 몸의 각 부분이 제 기능을 하지 못한다. 눈도 시력이 떨어지고, 잠도 제대로 못자고, 귀도 보청기를 껴야 하고, 관절도 인공관절로 대체하는 사람도 많아진다. 하지만 노년기까지 해오던 욕망은 그대로 지속된다. 신이 인간에게 눈과 귀와 모든 신체의 기능을 쇠하게 한 섭리는 그만큼 자기 인생을 내려놓으라는 뜻도 있다고 본다. 필요 이상으로 자신의 욕망을 지속하기 위해서는 갖은 무리수를 둬서 인생을 비극으로 끝내는 경우가 많다.

생로병사의 인생주기는 자연의 순리이므로 거기에 크게 벗어나지 않으면서 자신의 역량을 인생의 혈기의 순환주기에 맞춰서 조절하면서 살면 저 세상으로 갈 때 더 편안하게 눈을 감을 수 있을 것이다. 그게 그리 간단하랴! 인생교훈을 담은 책도 많이 듣고 많은 사색과 기도가 필요하다고 본다.

17. 景行錄曰 食淡精神爽이요 **心清夢寐安**이니라

경행록왈 식담정신상 심청몽매안

『경행록』에 이르기를 먹는 음식이 담백하면 정신이 상쾌하고, 마음을 맑게 하면 잠을 자더라도 편안하고 꿈자리도 좋다.

경행록의 이 가르침은 마음을 복잡하게 하지 말고 단출하게 하라는 얘기다. 우리가 여러 가지 일을 한꺼번에 할 수 없는 것은 우리의 머리가 처리할 수 있는 능력이 제한되기 때문이다.

우리의 마음먹기는 음식을 섭취하는 것과 마찬가지인데, 복잡한 것을 먹고 나면 속도 더부룩하고 화장실에 가도 배변이 깔끔하게 잘 안 된다. 이는 신체의 신진대사에 대해 생물학과 의학 분야 전문가들의 얘기를 굳이 듣지 않더라도 생활 속에서 흔히 느끼는 바이다. 음식문화 중에서 가장 두려운 것은 뷔페식이다. 온갖 요리들이 즐비하다. 어떤 것을 먼저 먹을까 고민이 많이 된다. 우리 침의 분비는 대개 하나의 음식과의 조응에 맞춰서 어느 정도 정해져 있지 않을까 생각해볼 수 있다. 그런데 식물도 아닌 여러 종류의 고기를 한꺼번에 먹게 되면 침샘의 분비체계에 당장 이상이 있을 테고 그에 익숙하지 못한 신체 장기의 제 기능들도 제대로 작동되지 않을 것이다. 소

고기 먹고 난 뒤에 돼지갈비도 먹고 싶으면 최소한 물 한 모금으로 입안을 정결하게 하고 난 뒤에 취하는 것이 좋을 것이다.

매사에 우리가 행하는 일들도 마찬가지일 것이다. 여러 가지 일들을 한꺼번에 책상위에 놓고 처리하는 것은 한꺼번에 여러 요리를 먹는 것과 같다. 큰 삶의 주제와 단기적인 자신의 삶의 주제를 분명하게 하고 거기에 부합되는 생각 중심으로 간결하게 한다면 잠을 잘 때도 숙면을 취하게 될 것이다. 만약 피치 못해서 여러 일들을 해야 할 경우에는 자신이 하는 일들에 대한 분류체계를 잘 갖추고 있으면 좀 더 쉽게 할 수 있을 것이다. 이러한 것은 임시방편이다. 무엇보다 생각을 많이 하지 않는 것이 중요하다.

18. 定心應物하면 **雖不讀書**라도 **可以爲有德君子**니라

정심응물 수불독서 가이위유덕군자

마음을 잘 정해서 외물(外物)을 접하면 비록 글을 읽지 않더라도 덕 있는 군자가 될 수 있다.

군자는 인간이 지향하는 도덕적 이상향이다. 그것도 현실 속에서 이루어질 수 있는 목표이다. 군자가 되는 길을 여러 갈래일 수 있다. 성현들의 말씀을 기록한 책들을 읽어서 이룰 수도 있을 것이고, 명산을 찾아서 맑은 물소리와 함께 조용히 사색을 함으로써 이루어질 수도 있을 것이다.

사실 책이라고 하는 것도 현재의 삶의 교훈을 후대에 전승하기 위해 만든 문화적 양식이다. 따라서 더 중요한 것은 현재 내가 무슨 생각을 하고 있는가이다. 외부의 사물과 외부의 경험과 외부의 상징들은 나의 마음을 어떻게 갖는가에 따라 하나의 부수적인 역할을 하게 되는 것이다. 외부의 것들이 우선되어서는 안 된다. 결국 군자가 도덕적 삶을 주체적으로 할 줄 아는 인간이라고 한다면 그 주체적 사고력과 판단력은 자신을 주인으로 여기는 데서부터 시작되는 것이다.

19. 近思錄云 懲忿을 如故人하고 窒慾을 如防水하라

근사록운 징분 여고인 질욕 여방수

『近思錄』[17]에 이르기를, 울분을 경계하는 것은 불을 끄듯이 하고, 욕심을 억제하는 것은 물을 막듯이 하라.

늦가을과 겨울철이 되면 산불이 많이 난다. 그런데 산불을 진화에서 가장 어려운 것은 잔불 끄는 일이다. 흙 속의 잔가지가 퇴적된 흙에 붙은 불은 여간해선 꺼지질 않는다. 갈퀴로 땅을 완전히 뒤집어서 덮어야만 꺼진다. 우리의 울분도 마찬가지이다. 남들이 위로해주는 말이나 술 한 잔 하는 것으로 해소되지 않는다. 자신의 마음 속에서 아직도 이글거리는 증오심을 잠재우지 않고서는 꺼지지 않는다.

한편 욕심은 장대높이의 물살과 같이 휘몰아친다. 등산 갔다가 계곡에 텐트 치는 것을 삼가야 하는 것은 비가 올 때 장대높이로 계곡물이 서서 내려오기 때문이다. 욕심은 바로 이와 같은 것이다. 한꺼번에 몰아친다. 어떤 누구도 그 위기를 벗어날 수 없다. 해법은 하나 밖에 없다. 아예 그곳에 텐트를 치지 않으면 되는 것이다. 우리의 욕심도 어떤 상황에서 발생

---

17) 『近思錄』이란 송나라 때 신유학의 생활 및 학문 지침서이다. 朱子와 呂祖謙이 周濂溪·程明道·程伊川·張橫渠 등의 글에서 학문의 중심 문제와 일상생활에 요긴한 부분을 편찬한 책이다.

되는지 자신의 성격을 토대로 볼 때 어느 정도 짐작할 수 있다. 예컨대 다음 회의의 주제가 자신의 욕심을 주체할 수 없는 것으로 예상되면 그 회의 장소에 사유를 대고 참석하지 않는 것도 극단적으로 생각해볼 수 있을 것이다. 피치 못해 참석한다면 특별한 의견을 내지 않고 조용히 자리를 지키면서 자신의 마음을 다스릴 필요가 있다. 충동적으로 무엇이든지 하려고 하면 항상 사단이 나게 되는 것이다.

20. 荀子曰 無用之辯과 不急之察을 棄而勿治하라

순자왈 무용지변 불급지찰 기이물치

순자[18]가 말했다. 쓸 데 없는 말과 급하지 않은 일은 내버려두고 괘념치 말아라.

순자의 이 가르침은 매사에 일의 핵심을 잘 간파하고, 부수적인 일에 크게 신경 쓰지 말라는 것이다. 인생살이에 근심과 걱정은 대부분 부수적인 일에 매달리기 때문이다. 가정 내에서 부부는 배우자를 기쁘게 해주고, 자녀를 건강하고 예쁘게 키우는 일에 신경을 쓰며, 가족 전체의 행복을 키우기 위해 노력해야 한다. 이런 일을 하는 데 있어서 사소한 말다툼은 서로 잘 해보려고 하는 것이기 때문에 언제나 지나친 간섭은 삼가야 한다. 하지만 여기에는 무엇보다 중요한 것은 가족 구성원 내의 신의이다. 그 신의를 깨는 행동은 철저히 차단되어야 한다. 만약 그러한 잘못을 저질렀을 경우 새로 태어나는 것과 같은 대오각성이 필요하다. 그리고는 다시는 그런 잘못을 저질러서는 안 된다. 나머지 가족들도 조용히 지켜봐주는 자세가 필요하다.

---

18) 荀子(BC298?~238?)는 중국 전국시대 말기의 사상가로 孟子의 性善說을 비판하여 性惡說을 주장했으며, 禮를 강조하여 유학 사상의 발달에 큰 영향을 끼쳤다.

21. 酒中不語는 **眞君子**요 **財上分明**은 **大丈夫**니라
주중불어 진군자 재상분명 대장부

술을 마시고 있는 중에도 말을 하지 않는 것은 진정한 군자요, 재물을 관리하는 데 있어서 분명하게 하면 대장부니라.

인간이 술을 마시기 시작한 것은 오래되었다. 아마 처음에 음식물이 발효되는 것에서부터 힌트를 얻었을 것이다. 그런데 술이 음식의 일부가 된 이후로 우리는 그 술의 기능과 술이 동원되는 술자리가 어떤 것인지를 대부분 알고 참여하게 된다. 오늘 수박파티가 있다고 한다면, 내실은 없지만 단맛으로 배를 불리게 할 수 있을 것이라는 예상은 할 수 있을 것이다. 따라서 술자리에서 하는 말은 다 용서될 수 있다고 하면서 아무 말이나 습관적으로 하는 사람은 큰 잘못을 저지르는 것이다. 충분히 예상할 수 있는 상황에서 반복적으로 실수를 하지 않기 위해서는 술자리에서 자신의 입을 잘 조절해야 한다. 아무 말도 하지 않는 것이 최상이겠으나 자신의 감정을 드러내는 것은 금물이다. 절제되지 않은 생각이기 때문이다.

또한 재물을 잘 관리하는 것도 중요하다. 재물이란 노력해서 얻게 되는 돈을 포함한 재산을 말하는데, 이 재물을 잘 관리하지 못하면 구두쇠 소리를 듣게 된다. 예로부터 훌륭한 리

더는 자신이 얻게 되는 재물을 적절하게 동료나 부하에게 나눠줄 줄 아는 사람이었다. 베풀면 대개 또 되돌아오게 되어 있다. 빈손으로 왔다가 빈손으로 간다(=空手來空手去)는 말을 떠올린다면 재물에 지나치게 집착하지 않을 것이다. 그것이 곧 대장부의 길이다.

22. 萬事從寬이면 其福自厚니라

만사종관 기복자후

모든 일에 너그러운 마음으로 임하면, 그 복이 저절로 두터워진다.

너그러운 마음을 가지는 것은 답답하지 않고 여유로워서 좋다. 너그러운 마음의 종류는 아주 많다. 아무리 전문적인 일을 하는 사람도 단 한 가지의 생각만으로 살아가지 않는다. 따라서 아주 구체적인 목표만 아니면 내 인생은 끝이라는 생각보다는 조금 여유롭게 후보대책을 세워두는 것도 좋다. 목표의 수준을 정할 때에는 약간은 낮춰 잡는 것도 필요하다. 목표 달성의 기간도 너무 짧게 잡는 것보다 조금 넉넉하게 잡는 것도 필요하다.

이렇게 너그러운 마음을 가지고 열심히 하다보면 목표는 저절로 달성되고, 그 시기도 원하는 것보다 더 빨리 이루어질 수 있다. 열심히 노력하지 않은 사람은 자신에게 되돌아온 복덩어리조차 알아보지 못하고 놓치는 경우가 있다.

23. 太公曰 瓜田에 不納履하고 李下에 不正冠이니라

태공왈 과전불납리 이하불정관

태공이 말하였다. 남의 참외밭에서는 신발을 고쳐 신지 말고, 남의 오얏나무 아래서는 갓을 고쳐 매지 말라.

대인관계에서 불필요한 오해를 받아서는 안 된다. 아무리 착한 사람들만 사는 세상이라도 그 사회는 도덕적이지 않을 수 있다.[19] 나는 착한 의도에서 뭔가를 하려고 하는데 다른 사람이 나쁜 의도로 그 행위를 바라보지 않더라도 나쁘게 비춰질 수 있다. 좋은 일 하기도 바쁜데 불필요하게 다른 사람으로부터 오해를 받는 일은 너무나 소모적이다. 오해가 풀리면 나중에 더 친하게 된다는 말도 있는데, 그것은 농촌사회에서나 가능한 일일 것이다. 복잡한 현대산업사회에서의 인간관계는 거미줄보다 더 복합적이다. 한 번의 실수와 오해는 쉽게 회복되지 않는다.

평상시에 주변 생활 공간에서 불필요한 오해를 받지 않는 방법은 한 가지다. 그런 행동을 하지 않으면 더 이상 바랄 것이 없다. 하지만 남이 어떻게 바라볼 것까지 생각하면서까지

---

19) Reinhold Niebuhr, 이한우 역, 『도덕적 인간과 비도덕적 사회』(Moral Man and Immoral Society: A Study in Ethics and Politics), 문예출판사, 2013[1932].

자신이 꼭 해야 할 일을 안 할 수는 없다. 그 해법은 일관된 행동을 하는 것이다. 어떤 배의 궤적을 놓고 볼 때, 한 방향으로 이동하고 있을 때 정상적이라면 5분 뒤의 배의 위치를 쉽게 예측할 수 있다. 이렇게 예측 가능한 행동을 평상시에 많이 하게 되면 간혹 오해의 소지가 있는 행동을 하게 되더라도 주변사람들이 신뢰하게 될 것이다. 통계학에서 신뢰도(reliability)의 정의가 test-retest했을 때 일관성(consistency)을 어느 정도 보이는가라는 점을 유념할 필요가 있다.

24. **耳不聞人之非**하고 **目不視人之短**하고 **口不言人之過**라야 **庶幾君子**니라

이불문인지비 목부시인지단 구부언인지과 서기군자

귀로는 남의 나쁜 것을 들으려 말고, 눈으로는 남의 단점을 보려고 하지 말고, 입으로 남의 허물을 말하지 않아야 군자라 할 수 있다.

모든 피조물은 자신의 제한된 몸으로 보고, 듣고, 느끼고, 말한다. 멀쩡한 생각을 가진 사람이 나는 정확히 느낀대로 표현한다고 말할지 모른다. 하지만 성능 좋은 스마트폰에 장착된 카메라도 그 해상도에 따라 찍힌 사진의 모습이 다 다르듯이 우리 인간도 각자 가진 시력에 따라 인식의 대상을 달리 받아들인다. 하물며 주관적인 사고가 연계된 다양한 형태의 인식이 동반될 경우 같은 대상일지라도 그 인식의 결과는 큰 차이가 날 것이다. 이렇게 인간은 다양한 차이로 무엇인가를 받아들인다. 즉 인간은 인식의 첫 순간부터 외물을 똑같이 받아들이지 않는다.

그런데 같은 성능을 가진 스마트폰도 기능에 따라서 사진은 다르게 찍힌다. 예컨대 접사(接寫)기능으로 아주 가까운 대물을 찍었을 경우 주변의 것들은 선명하지 않고 가까운 물체만 돋보인다. 우리가 관심을 가지는 것만이 우리 인식의 주된 초

점이 되는 증거이다. 청각도 마찬가지이다. 어떤 하나의 생각을 골똘히 하다보면 다른 큰 소리를 들을 수 없는 경우가 있다. 이렇듯 인간은 워낙 생각이 다양한 존재이기 때문에 자기가 원하는 바에 더 큰 비중을 두게 된다. 다른 사람의 흠이 될 만한 내용을 듣고자 하거나 보고자 한다면 그런 눈으로 그 사람을 평가하겠다는 전제가 깔려있는 것이다. 사전에 그러한 편견은 차단해야 하는 것이다.

25. **蔡伯皆曰 喜怒**는 **在心**하고 **言出於口**하나니 **不可不愼**이니라

채백개왈 희노재심 언출어구 불가불신

채백개(蔡伯皆)[20]가 말하였다. 기뻐하고 노여워하는 것은 마음 속에 있고, 말은 입에서 나오니 삼가지 않으면 안 되느니라.

깊은 심연의 물속은 알 수 있어도 1자(尺)도 안 되는 사람의 마음속은 알 수 없다는 옛말이 있다. 마음은 심연보다 더 깊고 또한 복잡하다. 어떤 때는 자신의 마음도 잘 알 수가 없어서 분망할 때는 "나도 내 마음 몰라요"라고 말하곤 한다. 하물며 가장 친한 친구나 가족이라고 해도 그 마음을 다 헤아릴 수가 없는 것이다.

인간이 머릿속에 생각하는 바를 그대로만 인간의 입이 구현만 할 수 있다면 얼마나 속이 시원할까? 그래서 예로부터 수사학(修辭學)이나 웅변과 같은 말의 기술들이 발달했는지도 모르겠다.

말(=言)은 어떤 때는 고삐 풀린 말(=馬)과 같아서 한번 발동이 걸리면 모든 것을 박차가 자기 혼자서 미쳐 날뛴다. 주인인

---

20) 채백개는 채옹(蔡邕)으로 후한 말기 陳留 圉縣 사람이다. 자는 伯喈다. 젊어서부터 박학하기로 이름이 높았고 문장과 數術, 천문, 음률에 뛰어났다.

뇌의 통제도 받지 않으려고 한다. 충분한 사전 훈련, 특히 술자리를 조심해야 한다.

그런데 우리는 언어로 표현되는 말 이외에도 다양한 형태의 말이 있음을 알아둘 필요가 있다. 박자 맞춰주는 추임새나 감탄사, 어떤 경우 몸동작 등이 언어로 표현되는 말보다 더 큰 위력을 보일 때가 있다. 개인적으로 나는 배우 최불암 선생을 좋아한다. 그의 구수한 중저음의 목소리는 언제나 고향 같은 느낌이 든다. 어느 시골집을 방문해서 같이 하는 한 끼의 밥상을 통해서 한국 전통의 인심과 시골풍경의 아름다움을 느낄 수가 있다. 출연자가 자신의 고생담을 얘기하면 아무 말 없이 지긋이 눈을 감고 약간은 눈물이 고인 상태로 고개만 끄덕여도 공감과 배려의 진한 감동이 느껴진다.

말조심은 이런 우리의 감정이 실린 모든 의사소통의 수단을 다 포함하는 것이다. 말의 속도, 높낮이, 손동작, 감탄사, 상대방의 말에 대한 호응, 상대방을 대하는 태도 등이 모두 조심해야 할 태도이다.

제6편 안분편(安分篇)과 청춘의 지혜

안분편은 자신의 분수를 잘 알고 그것을 잘 지키는 내용을 담고 있다. 분수는 천명과도 같은 것이다. 자신의 노력으로 직접 성취한 것이 아니다. 물론 자신의 노력이 전제되지만 천명으로 주어지는 것이다. 천명을 먼저 생각하게 되면 부단히 노력한 결과를 미루어 짐작하게 되고 자신의 노력에 대한 보상을 스스로에게서부터 받는 것보다 더 많은 보람을 느끼게 된다. 더 나아가서 다른 사람들의 모습도 눈에 들어오게 된다.

26. 景行錄云 知足可樂이요 務貪則憂니라

경행록운 지족가락 무탐즉우

『경행록』에 이르기를, 만족함을 알면 즐겁고, 탐욕을 일삼으면 근심만 쌓인다.

인간의 욕망은 끝이 없다. 그런데 어떻게 만족할 수 있겠는가? 최선을 다해 노력하면 도달할 수 있는 목표를 설정하는 것이 중요할 것이다. 그런데 욕망 중에서도 봉사나 희생과 같은 선의를 가진 것들은 만족하지 않아도 된다. 만약 그런 덕이 없다면 공동체가 위기에 봉착했을 때 어느 누구도 기꺼이 나서지 않을 것이다. 그런 사람은 자신의 목표는 그렇게 희생해서 영웅이 되는 것이 아니라고 자위하면서 뒤로 물러날 수도 있을 것이다. 자신만의 안위를 위한 오욕칠정(五慾七情)이 문제가 되는 것이다. 자신의 욕정의 수준을 낮추는 길만이 인생의 만족도를 높이는 것이고 근심을 덜 수 있다.

27. 知足常足이면 **終身不辱**하고 **知止常止**면 **終身無恥**니라

지족상족 종신불욕 지지상지 종신무치

만족하고 또 만족해서 늘 만족하면 생을 다할 때까지 욕되지 않을 것이고, 멈출 줄 알고 또 멈출 줄 알아 늘 멈추면 생을 다할 때까지 부끄러움이 없다.

인간의 욕정을 얼마나 잘 조절할 줄 알아야 되는지에 관한 가르침이다. 축구경기에서 공격수들이 갖추어야 할 발재간 중에 드리블이라는 기술이 있다. 훌륭한 드리블은 몰고 가되 상대편이 따라오면 급정거를 했다가 멈추면 다른 방향으로 갑자기 전환하는 것이다. 그런데 100m 달리기 하는 것처럼 무작정 공만 몰고 뛰기만 하면 금방 제지를 당하게 된다. 욕망은 우리 마음의 동력이기 때문에 제어하기에 따라서 독이 되기도 하고 약이 되기도 한다. 지금 하고 있는 일을 더 할 것인지 그만 둘 것인지를 상황에 잘 맞게 판단하는 태도는 다른 사람들의 존경을 받을 수 있는 행동이다.

28. 書曰 滿招損하고 謙受益이니라

서왈 만초손 겸수익

『서경』[21]에 이르기를, 가득차면 잃게 되고, 겸손하면 얻게 된다.

자연의 이치로 어떤 것이 극에 달하면 변화가 인다. 가득차서 보름달이 되면 차츰 기울어져서 그믐달이 된다. 이렇듯이 인간의 만족감도 마찬가지이다. 그런데 인간의 만족감에는 어떤 절대적인 기준이 있는 것이 아니므로 자신이 설정한 목표치에 얼마나 만족하느냐가 중요하다. 이제 되었다고 생각하는 그 순간이 만족하는 상태이다. 대개 분수를 아는 사람의 그 만족 수준이란 보통 평범한 사람들보다 낮다. 그래서 마음이 더 여유롭게 느껴진다. 그러하듯이 자신을 낮추면 낮출수록 더 많은 것들이 자신에게로 돌아온다. 거액의 지갑을 주운 행인이 경찰을 통해 주인에게 되돌려주었는데, 그 사례금마저 사양했다고 한다. 그 당사자와 가족 모두 더 많은 복을 받게 되었을 것이다.

---

21) 『書經』이란 오경(五經) 중의 하나로, 중국 上古時代 정치의 기록이다.

29. 子曰 不在其位하여는 不謀其政이니라

자왈 부재기위 불모기정

공자가 말했다. 그 지위에 있지 않으면 그 정사를 도모하지 말라.

직장생활에 유용한 가르침이다. 어떤 회의에 가보면 자신이 해야 할 역할이 있다. 의장은 회의를 주관하고 위원은 자신이 해야 할 몫의 발언을 한다. 그런데 의장이 위원들이 해야 할 몫까지 발언을 한다거나 위원이 의장이 해야 할 일까지 간섭할 경우 그 회의 분위기는 불편하기 짝이 없다. 그리고 회의의 안건을 자신이 제기해 놓고 격론이 벌어지면 버럭 화를 내면서 그만하라고 일방적으로 말한다. 특히 소공동체에서 자주 발생할 수 있는 일이다. 안건을 제기하는 것은 각 개인이 할 수는 있지만 그 안건을 취하하는 것은 엄연히 의장의 몫이다. 소공동체의 회의에서 유의해야 할 일이 또 있다. 상호 간에 여러 가지 인적 관계에 의해 친인척일 수도 있고, 선후배관계일 수도 있는데, 이름 호칭을 하거나 반말을 하는 경우는 금물이다. 공공조직에서 용납될 수 없는 처신이다. 항상 공식적인 직책을 불러야 한다. 설령 자신의 동생이 의장이라고 하더라도 그렇게 해야 한다. 또한 여러 부서끼리의 회의를 할 경우, 자신의 부서 일도 아닌데 이것저것 간섭하는 듯한 지적을 한다거나 지나친 질문 공세를 해대는 사람이 있다. 이 또한 문제다.

한편 우리는 자신의 직분에 충실해야 한다는 이 가르침과 함께 동시에 유념해야 할 일이 있다. 즉 자신에게 역할이 부여되었음에도 그 본분을 다하지 않는 사람이다. 마땅히 해야 할 일을 하지 않고 있으면 다른 사람들이 더 피곤해진다.

제7편 존심편(存心篇)과 청춘의 지혜

마음을 보존하는 것과 관련된 내용이다. 엄밀히 말하면 마음(mind, 心)은 정신과 가깝고, 정서(emotion)이나 감정(feeling) 또는 공감(sympathy) 등의 개념과 유사한 역할을 하는 것으로 정의되고 있다. 동양에서는 이 마음이 심장에 위치한 것으로 전통적으로 이해되었다. 우리나라의 경우 19세기 혜강(惠岡) 최한기(崔漢綺)[22]와 같은 기철학(氣哲學)을 하는 학

22) 崔漢綺(1803~1877)는 조선 말기의 실학자이면서 과학사상가이다. 본관은 삭녕(朔寧). 자는 지로(芝老), 호는 혜강(惠岡)·패동(浿東)·명남루(明南樓)·기화당(氣和堂) 등의 당호도 있다. 아버지는 최치현(崔致鉉)이며, 어머니는 청주 한씨(淸州韓氏)이다. 평생 학문에 진력하였고, 부인 반남 박씨(潘南朴氏)와의 사이에 2남 5녀를 두었다. 큰아들 최병대(崔柄大)는 1862년 문과에 급제하여 고종의 시종을 지냈으나 후손의 존재는 알려져 있지 않다. 그의 일생에 대하여는 거의 알려진 것이 없다. 다만, 그가 수많은 책을 저술하였으며 그 가운데 상당수가 지금까지 전해지고 있을 뿐이다. 방대한 저술에도 불구하고 같은 시대의 다른 학자들조차 그의 이름을 기록에 남긴 일은

자들에 의해서 마음도 뇌의 작용으로 옮아가게 되었다.

극히 드물다. 최한기의 학문세계는 유교적 전통에서는 극히 드물게 강한 경험주의를 바탕으로 하고 있다. 심지어, 맹자가 인간의 본유적인 것이라고 규정한 인의예지조차 경험으로 얻게 되는 습성에 불과하다고 주장한다. 그에 의하면, 인간의 모든 앎이란 선천적이 아니라 후천적 경험을 통하여 배워 얻어지는 것이다. 또, 경험이란 경험의 주체인 인간의 마음과 경험의 대상, 그리고 이들 둘을 맺어주는 감각기관이 있어야 가능하다. 천지의 만물은 모두 같은 기(氣)를 받아 서로 다른 질에 따라 서로 다른 신기(神氣)를 갖게 된다. 사람마다 신기가 서로 다른 점이 있지만 근본적으로는 공통적인 것이기 때문에 사람들은 서로 이해할 수가 있다. 또, 이런 신기의 만남은 인간과 자연 사이에서도 가능하다. 이때 한 사람의 신기를 다른 사람이나 다른 것에 통해주는 것이 그의 감각기관이다. 즉, 인간은 눈·코·입·귀 등의 감각을 통해 경험을 쌓음으로써 그의 신기를 더욱 밝혀가게 되는 것이다. 인간은 경험과 그것이 쌓여진 기억을 바탕으로 자기 생각을 확장하여 갈 수 있다. 이 과정이 추측이다. 귀납법과 연역법을 함께 포함하고 있는 그의 추측법에는 다음과 같은 종류가 있다. ① 기를 바탕으로 이를 추측하는 것[推氣測理] , ② 정의 나타남을 미루어 성을 알아내는 것[推情測性] , ③ 움직임을 보고 그 정지상태를 알아내는 것[推動測靜] , ④ 자기자신을 미루어 남을 알아보는 것[推己測人] , ⑤ 물을 바탕으로 일을 짐작하여 아는 것[推物測事] 등이다. "최한기", 『네이버 지식백과』, 2015.10.29. 검색. 혜강의 기학에 대한 체계적인 이해는 다음의 연구가 많은 도움을 준다. 최한기 저, 손병욱 역주, 『기학: 19세기 한 조선인의 우주론』, 통나무, 2016.

30. 景行錄云 坐密室을 如通衢하고 馭寸心을 如六馬면 可免過니라
경행록운 좌밀실 여통구 어촌심 여육마가면과

『경행록』에 이르기를, 밀실에 앉아 있어도 마치 사통팔달의 길거리에 있는 것처럼 여기고, 작은 마음을 제어하기를 마치 여섯 필의 말을 부리듯 해야 한다. 그렇게 하면 실수를 예방할 수 있느니라.

경행록의 가르침은 마음 다스리는 어려움에 대해서이다. 밀실에 앉아서 사통팔달의 얘기를 다 귀담아 들으라는 가르침은 아니다. 아무도 보지 않는 나만의 방안에 있더라도 사통팔달의 길거리에 있는 것처럼 행동거지를 바르게 하라는 얘기다. 그렇게 자기의 자리를 위치지우고 자신의 마음은 말 여섯 필을 몰고 가는 것처럼 제어를 잘 하라는 얘기다. 최소한 인간의 내면적 갈등은 여섯 가지 정도 된다는 얘기로도 해석될 수 있다. 이쪽으로 가겠다 저쪽으로 가겠다 또는 이 일을 하겠다 하지 않겠다 등 많은 갈등이 있다. 이러한 마음의 갈등을 잘 제어하면 자신이 원한 목적을 원만하게 잘 달성할 수 있는 것이다.

31. **子曰 聰明思睿**라도 **守之以愚**하고 **功被天下**라도 **守之以讓**하고 **勇力振世**라도 **守之以怯**하고 **富有四海**라도 **守之以謙**이니라

자왈 총명사예 수지이우 공피천하 수지이양 용력진세 수지이겁 부유사해 수지이겸

공자가 말했다. 총명하고 생각이 밝을지라도 어리석은 듯이 우직하게 본 마음을 지켜야 하고, 공(功)이 온 천하에 가득하다고 할지라도 사양함으로써 지켜야 하고, 용맹이 세상에 넘칠지라도 두려운 듯이 지켜야 하고, 부유함이 사해(四海)에 가득하다 하더라도 겸손으로서 지켜야 하느니라.

공자의 이 가르침은 한 마디로 주변환경에 부화뇌동하지 않는 내공(內功)을 잘 쌓아 그에 부합되게 행동하라는 얘기다. 어른이 삼척동자로부터 칭찬을 들었던들 그게 무슨 자랑할 일인가? 또한 어리석은 사람이 하는 일에 너무 강하게 대응할 필요도 없다. 무식하면 용감하다는 얘기도 있지 않은가? 우리 주변에 보면 원칙과 관례를 완전히 무시하고 자신만의 얘기를 하는 사람이 있다. 설령 그런 사람의 과오를 본인의 눈앞에서 대면할지라도 똑 부러지게 바로 지적하기보다는 약간은 얼버무리는 식으로 얘기하는 것이 좋다. 어떤 직장 동료가 멀리서 출퇴근을 해야 하는 A라는 사람이 있다고 가정해보자. 그가

차시간이 얼마 남지 않아서 회의를 조기에 마쳤으면 좋겠다고 회의 주관하는 B라는 사람에게 얘기하자, 이때 B라는 사람이 다른 사람들이 모두 보는 앞에서 "A씨가 차시간이 급하답니다. 회의를 마치겠습니다."라고 말하는 것은 이런 우를 범하는 것과 같다.

대인관계에 있어서 자신의 공치사는 경계해야 한다. 어떤 일은 자기 혼자서 진행되는 것이 아니다. 조직의 장이라 할지라도 부하직원들의 도움 없이는 성공을 이루어낼 수가 없다. 모든 공을 다른 사람들에게 다 맡겨도 결국 공에 대한 찬사는 본인에게 돌아오기 마련이다. 공을 세운 일이 아니라도 가능하면 자기 자신의 얘기를 하지 않는 것이 좋다.

용맹이 하늘을 찌를 듯해도 평상시 보면 부드러운 선비의 모습을 잃으면 안 된다. 얼굴이 험상궂은 사람은 진정한 용기를 가지지 못한 사람이다. 내심 두렵기 때문에 험상한 모습을 해서 다른 사람을 압도하려는 것이다.

부유함도 공손함으로 지켜내야 한다. 자신이 뜻하지 않았던 재산이나 주체할 수 없는 큰 돈을 가진 사람은 금방 망하고 만다. 가진 돈을 자기가 관리하는 능력을 구비하지 않았기 때문이다. 복권에 당첨된 가난한 사람이 하루아침에 거지가 되는 경우를 많이 듣게 된다. 하지만 그렇다고 해서 가진 재산도 없는 사람이 후배들에게 베푼답시고 매일 회식으로 탕진하는 것은 더 문제가 있다. 진정으로 부자가 되려고 하면 자기관리의 연습을 잘 해야 한다. 돈이 와서 부자가 되는 것이 아니라 관리를 잘 했기 때문에 돈이 모이는 것이다. 돈은 영물인지라 자신을 살갑게 잘 관리해주는 사람의 손에 안기기를 더 좋아할 것이다.

32. 素書云 薄施厚望者는 不報하고 貴而忘賤者는 不久니라

소서운 박시후망자불보 귀이망천자부구

『素書』23)에 이르기를, 베푸는 것은 적게 하고 바라는 것은 많이 하는 자는 보답 받지 못하고, 부자가 되고서 자신의 가난했던 과거를 잊은 자는 오래가지 못하느니라.

인간관계는 계속적인 주고받음의 연속이다. 하나의 줌이 있으면 하나의 되갚음이 있는 것이 정상이다. 한꺼번에 몰아서 갚겠다고 하는 것은 잘못된 생각이다. 줄 때도 마찬가지이다. 매일 매일 적선하는 것이 좋지 인생 다 할 무렵에 유언으로 전 재산을 불우이웃에게 기부하겠다고 하는 것도 시기가 적절하지 않다. 평상시의 삶 자체가 다른 사람에게 베푸는 것이 많은 것이 좋은 것이다. 베푸는 것은 적게 하고 바라는 것이 많은 사람이 보답 받지 못하는 것은 당연하다. 왜냐하면 이미 많이 가지고 있기 때문이다. 그렇다고 해서 베풀 때도 무한정, 무계획적으로 하면 안 된다. 받는 사람입장에서 보면 그 사람은 원래 돈이 너무 많아서 주체가 안돼서 준다고 생각하고 심지어 그 고마움도 모르게 된다. 문화 혜택이 덜 한 대상에게 양서를 기증하는 단체인 (사)한국청소년도서재단의 이성원 이사장님과 민용자 사모님은 기부를 어떻게 해야 하는지를

---

23) 『素書』란 黃石公이 張良에게 주었다는 秘訣과 兵書이다.

잘 보여주시는 분들이시다. 기증하는 모든 책자를 다 읽어보고 대상에 맞는 책을 골라서 알뜰하게 포장까지 해서 기증을 하신다. 그리고 기증받은 기관에서 제대로 활용하고 있는지 기념방문을 하셔서 특강도 해주시는 등 내실 있는 기부를 실천하고 계신다.

인간은 실수를 통해서 성장한다. 한때 가난하다고 해서 평생 가난할 수는 없다. 노력하기에 따라서 큰 부를 모을 수 있다. 그 반대도 가능하다. 자신이 어떻게 노력해서 큰 부자가 되었는지를 모르는 사람은 금방 가난의 나락으로 빠지게 된다.

33. **念念要如臨戰日**하고 **心心常似過橋時**니라

염염요여임전일 심심상사과교시

많은 생각을 할 때는 전쟁에 나서는 것과 같이 하고, 마음을 많이 써야 할 때는 항상 외나무다리를 건널 때와 같이 해야 한다.

호기심은 창의성을 만든다. 무엇인가 궁금하다는 것은 무엇인가를 만들어 내는 중요한 원인이다. 그런데 이러한 호기심이 무분별하게 마구 떠오를 때가 있다. 그런데 지금 전쟁이 났다고 생각해보자. 가장 중요한 것이 무엇인지 단 몇 개로 요약될 터이다. 총은 들어야 할 것이고, 탄약도 가져가야 할 것이다. 아무리 복잡해도 긴박한 상황을 염두에 두면 가장 중요한 것이 단 몇 개로 요약된다. 문서작성을 하다가 날려버리는 일들이 많다. 요즈음은 요령이 좀 생겨서 테라급으로 큰 용량의 USB를 하나 사다가 6개월 정도의 주기로 계속해서 업데이트를 하고 있다. 그런 와중에도 찾을 수 없거나 확실히 날려버렸을 경우 연구실에 불이 났다고 생각해버린다. 그래도 신분증이 든 지갑과 나머지 파일이 담긴 USB는 건졌다는 위안을 얻게 된다.

또한 여러 생각을 하면서 평상시 생활은 아주 조심스럽게 해야 한다. 마치 외나무다리를 건너는 것처럼 조심해야 한다. 외나무다리에서는 자칫 딴 생각을 하다간 발을 헛디뎌 아래로

떨어지고 만다. 생각의 주제는 갖고 있으되 나의 생활의 주된 방향성을 잊어서는 안 된다.

34. 朱文公曰 守口如甁하고 防意如城하라

주문공왈 수구여병 방의여성

주문공(朱文公)[24]이 이르기를, 입을 지키기를 병과 같이 하고, 뜻을 막기를 성과 같이 하라.

주문공의 이 가르침은 나의 의지를 밖으로 표출할 때 조심해야 한다는 내용이다. 입을 지키기를 물이나 술이든 병을 대하듯이 하고, 뜻을 막기를 성을 지키는 것과 같이 하라는 것이다.

병 입구를 잘 막지 않으면 금방 밖으로 쏟아져버릴 것이다. 지금 내가 이 얘기를 해야 할 것인가 말 것인가 고민하지 않고 나오는 대로 그냥 내뱉어버리면 쏟아진 물과 같은 것이다. 물은 한 번 쏟아지면 쓸어 담을 수가 없다. 말도 그와 같은 것이다.

---

24) 주문공이란 朱熹(1130~1200)를 말한다. 주희는 南劍州 尤溪 사람으로 조상의 본적은 江南東路 徽州府 婺源縣이다. 아이 때 이름은 沈郎이고, 자는 季延, 元晦, 仲晦, 호는 晦庵, 晦翁이다. 시호가 文이기 때문에 '朱文公'으로 불리우게 된 것이다. 南宋 시기의 관리이자 理學家, 사상가, 교육가이다. 閩學派의 대표적인 인물로 남송 유학의 집대성자이다. 세상 사람들은 그를 존경하여 '朱子'로 일컫는다. 벼슬은 江西南康知府, 福建漳州知府, 浙東巡撫, 煥章閣侍制 겸 侍講 등을 역임했다. 저서로 『四書集注』, 『太極圖說解』, 『通書解說』, 『周易讀本』, 『楚詞集注』 등이 있고, 후인들이 편집한 『朱子大全』, 『朱子集語象』 등이 있다. "주희", 『네이버 지식백과』, 2015.10.29. 검색.

또한 뜻을 막기를 성문을 지키는 것과 같이 해야 한다. 여기서 말하는 뜻이라는 목표의식을 갖고 거기에 부합되는 의도를 말하는 것이 아니라 자신의 욕정에 근거해서 불쑥불쑥 드러나는 의도를 말한다. 성문을 아무렇게나 내버려두면 병사들이 힘들다고 도망치고 말 것이다. 쓰임새에 맞게 표출될 때까지 기다려야 한다. 적이 공격해올 때나 적을 물리치러갈 때와 같은 중요한 쓰임의 기회가 곧 온다. 그 때 힘을 발휘해야 하는 것이다.

35. 心安茅屋穩이요 性定菜羹香이니라

심안모옥온 성정채갱향

마음이 편안하면 초가집도 편안하고, 성품이 안정되면 나물국도 향기롭다.

모든 행복은 마음먹기에 따라 결정된다. 내가 행복하다고 생각하면 행복한 것이다. 남들이 고래 등 같은 기와집에서 사는 것을 부러워할 필요가 없다. 남들이 50평 아파트에서 살고 있다고 부러워할 필요도 없다. 그들은 그들 나름대로 행복을 느낄 것이다. 보잘 것 없지만 라면과 김치만 있어도 행복을 느낄 수 있다. 아니면 풋고추에 된장만 있어도 얼마나 행복한가. 값나가는 좋은 음식을 먹는다고 해서 항상 몸에 좋은 것은 아니다. 비만으로 인해 고생하는 사람들이 얼마나 많은가. 적게 먹는 것도 중요하지만 소박하게 먹는 것도 중요하다. 小食! 素食!

36. 景行錄云 責人者는 不全交요 自恕者는 不改過니라

경행록운 책인자불전교 자서자부개과

『경행록』에 이르기를, 남을 원망하는 자는 온전하게 교제를 할 수 없고, 자신의 잘못을 쉽게 용서하는 자는 허물을 고칠 수가 없다.

사회생활은 혼자서는 할 수 없다. 관계 속에서 이루어진다. 내가 잘못할 수도 있고 상대방이 잘못할 수가 있다. 또한 상호 잘못한 것이 없었더라도 제3자가 잘못한 경우도 있고, 상호 오해에 의해 상대방이 잘못한 것으로 받아들일 수도 있다. 이렇듯 복잡한 것이 인간관계이다.

대개의 경우 일이 잘못되었을 때 자기가 잘못했다고 생각하고 얘기를 하면 큰 문제도 어렵지 않게 해결될 수가 있다. 남의 탓만을 하다보면 그 언쟁의 끝이 보이지 않는다. 모든 문제는 내가 못나거나 내가 잘나서 빚어진 일이다. 못날 경우 능력이 없다는 평가를 받을 것이고, 잘날 경우 시기질투를 받게 되는 것이다. 상대편이 기분 나쁘다는 것은 결국 그 원인은 나에게서부터 나온 것이다. 만약 자신의 허물이 확실히 인정된다면 그 허물을 고치는 데 최선을 다해야 한다. 새로운 큰 실수하나 하는 것보다 작은 실수 되풀이 하는 것이 상대방으로부터 더 큰 불신을 가져다준다.

37. 生事事生이요 省事事省이니라

생사사생 성사사성

일을 만들면 일이 생기고, 일을 덜면 일이 덜어지니라.

불필요한 일을 많이 만들지 말라는 얘기다. 우리가 흔히 보고서를 만들어 결재를 받으러 가거나 논문을 다른 사람들에게 심사해 달라고 의뢰하는 경우가 있다. 그런데 큰 문제가 안 되는 글자체를 조정하라거나 인용방법이 잘못되었다는 등의 지적을 하는 사람들이 있다. 부질없는 지적이다. 그 정도 밖에 못한 사람은 그럴만한 사정이 분명히 있었을 것이다. 사실 나도 가끔 그런 실수를 범했던 적이 있다. 지금 생각해보면 더 중요한 일을 놓치지 않았다 후회된다. 맡겨두고 스스로 깨닫게 하는 것이 중요하다고 생각한다. 일의 핵심이 아닌 일에 매달려서 계속해서 궁리하다보면 그 정도 밖에 생각하지 못하게 된다. 잔 일 10개 하는 것보다 큰 일 1개 하는 것이 훨씬 경제적이지 않은가? 파일관리를 할 때도 작은 과제 10개를 묶어서 하나의 Folder를 만들어 지정해두면 훨씬 머리가 가벼워지는 것도 이러한 가르침과 일맥상통한다.

제8편 계성편(戒性篇)과 청춘의 지혜

계성편은 자신의 성품을 경계하는 내용을 담고 있다. 사람의 성품은 평상시에는 착한 양과 같이 온순하다가도 가끔씩 성난 파도와 같이 요동친다. 이러한 성품을 스스로 경계하는 노력이 없으면 스스로 그 성난 파도 속으로 빨려 들어가고 말 것이다.

38. 景行錄云 人性이 如水하여 水一傾則不可復이요 性一縱則不可反이니 制水者는 必以堤防하고 制性者는 必以禮法이니라

경행록운 인성 여수 수일경즉불가부 성일종즉불가반 제수자 필이제방 제성자 필이예법

『경행록』에 이르기를, 사람의 성품은 물과 같아서 물이 한번 기울어지면 회복할 수 없고 성품이 한 번 방종해지면 돌아올 수 없으니, 물을 제어하려는 자가 반드시 제방으로써 하듯이 성품을 제어하려는 자는 반드시 예법으로써 해야 한다.

물은 최고의 선(=上善)이라고 말하기도 한다. 네모난 그릇에 담으면 네모나게, 세모난 그릇에 담으면 세모나게 그 형체가 무궁무진하다. 이처럼 누구와도 어울리며 누구에게나 필요한 존재가 물이다. 군대에서 긴 행군을 하고 휴식 시간에 수통에 담아간 물 한모금만 마시면 금새 힘이 솟구친다.

이처럼 소중한 물도 그것을 잘 다루지 않으면 큰 낭패를 본다. 가뭄에는 그렇게 물이 없다고 아우성치다가도 곧장 다가오는 한여름의 대홍수 때에는 물이 너무 많아서 또 아우성이다. 지혜롭게 현상의 경과를 살피면 그 해법도 찾을 수 있을 것이다. 때늦은 감이 있지만 한강의 경우 강의 남쪽에 대형 저수조를 만들고 있다고 하니 천만다행이다.

이처럼 생활에 매우 소중한 물도 제대로 다루지 못하면 수재를 당하게 된다. 우리의 성품도 평상시 물을 다루듯이 큰 재난이 오기 전에 미리미리 준비를 하고 모자란 부분은 보완할 필요가 있다.

39. 忍一時之忿이면 免百日之憂니라

인일시지분 면백일지우

한 때의 분함을 견뎌내면 백날의 근심을 피할 수 있다.

자연을 잘 관찰하면 인간의 문제도 해법을 찾을 수 있다. 폭설과 폭우, 가뭄 등의 자연재해가 해마다 매일 찾아오는 것은 아니다. 물론 정도의 차이는 있겠지만 매번 일상적인 것은 아니다. 우리의 마음의 울분도 하루 종일 찾아오는 것은 아니다. 하루 종일 울분을 느끼는 사람은 병을 앓고 있는 것이기 때문에 빨리 병원에 가봐야 할 것이다. 그렇지만 거의 대부분의 정상인 사람은 순간 기분이 나빴다가도 시간이 지나면 또 금방 회복한다.

TV에서 살인 피의자들이 붙잡히고 나면 대부분 우발적으로 그렇게 했다고 한다. 참을 인(忍) 세 번만 새기면 살인도 면한다는 말이 있다. 자신을 한 번만 되돌아보면 될 것을 우리 인간은 너무 경솔하게 판단하고 행동에 옮긴다.

평상시에 좋은 친구를 최소한 1명은 가져야 한다. 한 자살시도자들과의 인터뷰 내용에 보면 극단적인 순간이 되면 머릿속에 개별 인물이 떠오르는 것이 아니라 집단별로 스쳐지나간다고 한다. 예컨대 내가 이렇게 할 때 내 가족들은 어떨까? 여기서 배우자나 자식들의 목소리는 들리지 않는다고 한다. 가족 단위로 좋은 추억을 많이 만드는 것도 좋은 예방책이 될 수 있을 것이다. 마찬가지로 좋은 친구와의 좋은 추억을 탄탄하게 만들어 두는 것도 좋을 것이다.

40. 景行錄云 屈己者는 **能處重**하고 **好勝者**는 **必遇敵**이니라

경행록운 굴기자 능처중 호승자 필우적

『경행록』에 이르기를, 자기를 이기는 자는 중요한 자리에 오를 수 있고, 남을 이기기를 좋아하는 자는 반드시 적을 만나느니라.

『경행록』의 가르침은 덕성을 함양하는 기준이 남이 아니라 자기 자신임을 강조하는 것이다. 운동 중에서 이와 같은 방법에 가장 부합되는 것은 턱걸이, 윗몸일으키기, 팔굽혀펴기 등이다. 이들 운동들의 공통점은 상대편을 꺾어서 얻어내는 것이 아니라 다른 사람들의 능력을 이용하지 않고, 자기 자신의 몸을 들어 올려서 원하는 수준을 달성하는 것이다. 그런 의미에서 보면 가장 큰 적(敵)은 자기 자신이라고 할 수 있다. 무슨 일을 실천하려고 하는데 내면의 목소리가 하지 말라고 하면 할 수 없는 것이다. 자기가 원할 때 자신의 몸과 마음이 그 방향으로 작동되도록 하는 것 그것이 도덕성을 함양하는 최종 목표라고 할 수 있다.

41. 惡人이 **罵善人**거든 **善人**은 **摠不對**하라 **不對**는 **心淸閑**이요 **罵者**는 **口熱沸**니라 **正如人唾天**하여 **還從己身墜**니라

악인 매선인 선인 총부대 부대 심청한 매자 구열비 정여인타천 환종기신추

악한 사람이 선한 사람에게 꾸지람을 하면 선한 사람은 대답하지 말라. 대답하지 않는 선인은 마음이 맑고 고요하고, 꾸짖는 악한 사람의 입은 뜨겁게 달아오른다. 마치 사람이 하늘에 침을 뱉으면 도로 자기 몸을 좇아 떨어지는 것과 같으니라.

● 이 가르침은 두 가지로 해석된다. 우선 악한 사람이 선한 사람에게 대들면 답하지 말라는 것이고, 두 번째는 말을 많이 하지 말라는 것이다. 비슷하면서도 다른 메시지인데, 여기서는 전자의 뜻이 강하다.

악한 사람이 싸움을 걸어오면 못들은 척해버리는 것이다. 워낙 저런 사람이니까 하고 말이다. 그러다가 제풀에 지쳐서 그만두게 된다. 싸우게 되면 같이 욕먹게 되는 경우가 많다. 얘기를 걸어오면 달음을 치더라도 재빨리 도망 가버려야 한다. 특히 그 악한 사람이 술을 마셨을 경우, 좌우를 따질 필요도 없이 그 자리를 피해버리는 것이 좋다. 처음에는 사람이 술을 마시다가 취하고 나면 그 술이 사람을 마시게 된다. 그것은

바로 패가망신(敗家亡身)의 지름길이다. 그런 사람과 상종해서는 안 된다. 친구 중에 그런 사람이 있으면 평상시에 진중한 마음으로 충고를 해줘야 한다.

42. 凡事에 留人情이면 後來에 好相見이니라

범사유인정 후래호상견

모든 일을 처리할 때 인정이 있으면 훗날 우연히 만났을 때에 서로 좋은 마음을 갖고 대할 수 있다.

아주 오래 전의 일이다. 1994년도의 일이니 20년도 더 지났다. 당시 서부사하라 모로코에 UN 평화유지군으로 파견을 가게 되었다. 베트남전쟁 파병과 걸프전 파병이후 처음 있는 일이라 설레기도 하고 두렵기도 했다. 아는 선배님을 찾아뵈었다. 그런데 그분이 내게 외국 나가면 비상금이 필요하다시면 100달러짜리 지폐 한 장을 주시는 거였다. 지금도 큰돈이지만 그때는 엄청 많은 돈이었다. 요즘도 한 번 씩 뵈면 당신도 처음 미국에 유학 갔을 때 그렇게 도움을 주신 분이 계셨다고 하시면서 겸손해하신다. 그분 이름은 정남환 박사님이시다. 지금은 강남국제학교 교장을 맡고 계시면서, 여러 가지 국내외 봉사활동을 하고 계신다. 이후 나도 후배들에게 그렇게 베푸는 사람이 되어야겠다고 다짐하면서 시도는 몇 번 해보았지만 그렇게 효과가 있는 것 같지는 않았다. 아마도 받으려고 하는 심보가 조금은 있었기 때문이 아닌가 생각한다.

반대로 어떤 분은 후배를 이용만 해먹기도 한다. 국방대학교에서 근무하고 있을 동안이었다. 국방관련 유수의 연구소를 운영하고 있는 분인데, 하루는 나를 불렀다. 어렵사리 시간을 내어 가보니 연구관련 일을 좀 도와달라는 거였다. 열심히 해서 도왔다. 그 와중에 야전에 근무하는 어떤 후배가 책을 내고 싶은데 출판사 소개를 좀 해달라는 거였다. 마침 잘 되었다 싶었다. 왜냐하면 그 연구소는 출판업무도 하고 있었기 때문이다. 곧장 연결해줬고, 출판까지 되었다. 그 연구소장 하는 말이 어렵게 후배의 출판기회를 줬으니 내가 도와준 일은 그걸로 갚겠다는 거였다. 참으로 황당한 일이었다. 출판하는 일이 출판사가 저자에게 생색낼만한 일은 아니다. 오히려 원고료를 지불해야 하는 입장이다. 그 후배는 이후 오히려 내게 혹시 인쇄관련해서 연락받은 게 없냐고 물어오기도 했다. 중간에서 참으로 난감한 경험을 했다.

다음에 두 분을 길가다 만나게 된다면 한 분께는 달려가서 인사를 드릴 것이요, 또 다른 한 사람에게는 모른 체하고 지나치게 될지도 모르겠다.

제9편 근학편(勤學篇)과 청춘의 지혜

근학이란 부지런히 배운다는 뜻이다. 천재적인 머리를 가지고 난 극소수의 사람은 몇 시간 투자하지 않아도 많은 것을 깨칠 수 있다. 하지만 대부분의 경우 스스로 노력을 얼마나 많이 하느냐에 따라 공부의 정도도 결정된다. 그래서 예로부터 공부를 밭가는 것에 비유했다. 한 이랑 한 이랑 일궈나가면 종국에 가서는 밭 전체를 일구게 되는 것이다.

43. 子夏曰 博學而篤志하고 切問而近思면 仁在其中矣니라

자하왈 박학이독지 절문이근사 인재기중의

자하[25]가 말하기를, 배우기를 넓게 하고, 뜻을 돈독히 하며, 묻기를 간절히 하고, 생각을 가까운 데서부터 해나가면 인(仁)이 그 가운데 있다.

덕목으로서의 인(仁)은 매우 포괄적인 의미를 갖고 있다. 어질다는 의미도 있지만, 여기서는 인간이라면 마땅히 갖추어야 할 기본이 되는 큰 도리라고 할 수 있다. 이 인을 체득하는 것이 유학의 근본 목표인데, 여기서 자하의 가르침은 평상시에 그것을 어떻게 구현할 것인가에 관한 것이다.

배울 때는 넓게 해야 한다. 좁은 자신의 관심 분야 하나만을 탐구하지 말고 인간의 궁극원리 전반에 대해 관심을 가져야 한다. 관심 범위가 넓다고 해서 공부하고자 하는 뜻이 허물 허물하거나 대강대강 해서는 안 된다. 곧은 마음으로 간절하게 탐구해야 한다. 그리고 그 탐구의 질문도 자신의 모습 속 가장 가까운 데서부터 나와야 한다. 그 내면이 안다고 할 때 피상적으로 아는 것이 아니라 제대로 아는 것이기 때문이다.

---

25) 子夏는 중국 전국시대의 학자. 공자의 제자로 孔門十哲의 한 사람이다.

44. 禮記曰 玉不琢이면 不成器하고 人不學이면 不知義니라

예기왈 옥불탁 불성기 인부학 부지의

『禮記』[26)]에 말하였다. 옥(玉)은 다듬지 않으면 그릇이 못 되고, 사람은 배우지 않으면 도(道)를 알지 못한다.

유학의 수행방법을 가장 전형적으로 보여주는 가르침이다. 자연에 맡겨두는 것이 아니다. 진리는 객관적으로 존재하는 것이고, 학동은 그 기존의 진리를 인위적으로 배워야 도를 체득할 수 있는 것이다. 다이아몬드도 일종의 옥이라고 할 수 있는데, 같은 무게일 경우 얼마나 많이 세공을 했느냐에 따라 그 가치가 결정된다고 한다.

그런데 이 때 유의할 점이 있다. 세공을 잘못해서 옥의 성질이 변해버리거나 너무 많이 세공해서 본체의 크기를 심각하게 훼손해서는 안 된다. 도를 깨우치는 데 목적이 있는 것이기 때문에 자연상태의 인간의 본체를 훼손해서까지 훈육해서는 안 된다.

---

26) 『禮記』란 49편(編)으로 이루어진 유가의 경전이다. 오경(五經)의 하나로, 『周禮』, 『儀禮』와 함께 삼례(三禮)라고 한다.

45. 太公曰 人生不學이면 如冥冥夜行이니라

태공왈 인생불학 여명명야행

태공이 이르기를, 인생은 배우지 않으면 어둡고, 그 어두움은 밤길을 가는 것과 같다.

공부의 길은 여러 가지이다. 전혀 모르는 것을 아는 것, 조금 아는 것을 더 아는 것, 분명하지 않은 것을 분명하게, 구분되지 않는 것을 구분되게, 경중완급(輕重緩急)의 순서를 모르는 것을 제대로 알게 하는 등의 길이 있다.

여기서 태공의 가르침은 분명하지 않을 것을 분명하게 하는 공부를 말한다. 밤길을 밝히기 위해서는 전등이 필요하다. 밤을 낮으로 완전히 바꿀 수는 없기 때문에 자기가 필요한 부분의 불명료한 것을 밝힐 수 있도록 하기 위해서는 공부해야 한다. 그런데 여기서 적응시(適應視)라는 자연적인 감각도 있다는 점을 잊지 말아야 한다. 밝은 곳에 있다가 어두운 곳으로 가게 되면 갑자기 아무 것도 보이지 않다가 차츰 그 형체의 윤곽이 잡히면서 대강의 위치를 가늠할 수 있는 시력을 갖게 되는데 그것이 적응시이다. 인공과 자연의 조화를 항상 염두에 두면서 공부하면 실패 확률이 낮을 것이다.

46. 韓文公曰 人不通古今이면 馬牛而襟裾니라

한문공왈 인불통고금 마우이금거

한문공(韓文公)[27]이 이르기를, 사람이 고금(古今)의 일을 통달하지 못하면 말과 소에게 옷을 입혀놓은 것과 같다.

여기서 고금의 일이란 공부의 내용을 말한다. 즉 공부는 과거에서부터 지금까지 선현들이 깨우친 경험을 내 것으로 만드는 것이다. 저렇게 하면 실패하고 이렇게 하면 성공한다는 것을 배우게 되는 것이다. 인간이 그러한 과거 경험을 배우지 않고 자신의 정욕대로 살고자 한다면 말이나 소와 같은 것이다. 말이나 소는 자연상태에서나 문명사회에서나 여물만 먹으면 생존하기 때문이다. 인간은 먹는 것만으로 삶을 살아갈 수 없다. 소위 인간답게 산다는 것에는 다양한 형태의 문화가 포함되는데, 제도와 관습과 같은 규범문화, 의식주와 관련된 생활문화 등 크게 대별되는 종류만도 아주 많다. 이러한 문화생활을 할 때 인간은 더욱 풍요로운 삶을 산다는 할 수 있는 것이다.

---

27) 韓文公은 중국 당나라의 문인이자 사상가인 韓愈(768~824)를 말한다. 자는 退之이며 선조가 昌黎 출신이므로 韓昌黎라고도 했다.

제10편 훈자편(訓子篇)과 청춘의 지혜

훈자란 자식을 가르친다는 뜻이다. 가정에서 가르치는 것이기 때문에 그 범위가 매우 넓다. 우선 책을 놓고 가르치는 것에서부터 생활 속에서 부모가 모범을 보이는 일, 자녀가 실수를 하지 않도록 타이르는 일 등의 가르침을 생각해볼 수 있다.

47. 景行錄云 賓客不來면 門戶俗하고 詩書無教면 子孫愚니라

경행록운 빈객불래문호속 시서무교자손우

『경행록』에 이르기를, 손님이 찾아오지 않으면, 집안이 속되어지고, 자손에게 시서(詩書)를 가르치지 않으면 그 자손이 어리석어진다.

손님이 찾아오지 않으면 왜 집안이 속되어지는지 금방 이해되지 않는다. 집 주인이 구두쇠라서 그 집을 방문하면 아무런 대접도 못 받을 것 같아서 방문하지 않는 것일까? 그럴 수도 있겠다.

실은 손님이 찾아오면 다른 문화를 새로 접하게 되는 것이다. 세상 돌아가는 얘기도 나누면서 소위 교양인으로서 자신의 위치를 가지고 교류하는 것이다. 이렇듯이 자손들에게 고등문화를 가정 내에서 가르쳐주지 않으면 교양인이 될 수 있는 기틀을 마련하지 못하게 된다. 집안의 조부모와 부모는 교양인으로서 살아온 자신의 경험을 가장 가까이에 있는 자손들에게 전승해주는 것이다.

48. 莊子曰 事雖小나 不作이면 不成이요 子雖賢이나 不教면 不明이니라

장자왈 사수소 불작불성 자수현 불교불명

장자(莊子)가 이르기를, 일이 비록 작더라도 하지 않으면 이루지 못하고, 자식이 비록 어질더라도 가르치지 않으면 현명하지 못하게 된다.

장자의 이 가르침은 관심있는 노력을 강조한 것이다. 아무리 좋은 일이라도 내 것으로 소화하지 않으면 저 멀리 있는 다른 사람의 것이 되고 만다. "구슬도 꿰어야 보배"라는 말이 있듯이, 가만히 내버려둬서 저절로 보물이 되지는 않는다. 원석이란 보물이 될 가능성이 많은 것이지 그 자체가 보물이 되는 것은 아니다. 원석과 같은 자녀라 할지라도 가르쳐야 자신의 정체성에 부합되는 위상을 찾고 기여하는 삶을 살아갈 수 있는 것이다. 자손이 귀엽다고 엉덩이만 두들기고 있으면 아무 일도 되지 않는다.

49. 漢書云 黃金萬籯이 不如敎子一經이요 賜子千金이 不如敎子一藝니라

한서운 황금만영 불여교자일경 사자천김 부여교자일예

『漢書』[28]에 말하였다. 자식에게 한 상자 가득한 황금(黃金)을 주는 것보다는 경서(經書) 한 권을 가르치는 것이 낫고, 천금(千金)을 유산으로 물려주는 것보다는 한 가지 기예(技藝)를 가르치는 것이 낫다.

황금과 같은 보물과 천금의 돈은 셀 수 있다. 그리고 그것은 제한이 있다. 만약 자식을 잘 가르친다면 그것보다 훨씬 많은 보물과 돈을 버는 인물이 될 수도 있을 것이다. 비단 재산에 국한되는 말만은 아니다. 교육을 잘 하면 그 자손이 선조들이 한 것보다 더 훌륭하게 사회에 기여할 수도 있는 것이다. 책 속에 길이 있는 것이다. 부단히 책을 읽고 생활 속에 필요한 기예를 익힌다면 선조들이 기대하는 것보다 훨씬 훌륭한 인물이 될 수 있을 것이다.

28) 『漢書』란 중국 後漢시대의 역사가 班固가 저술한 紀傳體의 역사서를 말한다.

50. 至樂은 莫如讀書요 至要는 莫如教子니라

지락 막여독서 지요 막여교자

지극히 즐거운 것은 책 읽는 것 만한 것이 없고, 지극히 중요한 것은 자식을 가르치는 것 만한 것이 없다.

독서는 만행의 기초이다. 책을 좋아하는 것은 좋은 징조다. 요즈음은 양서들과 친해지기 위해 어린이용으로 만화책도 많이 출판된다. 예전에는 액션만화나 순정만화 등이 주류를 이루었었는데, 많이 변한 것 같다. 그리고 중요한 것은 자식을 가르치는 것이라고 하니, 가장 즐겁고 중요한 일은 자식에게 책 읽는 것을 가르치는 것일 게다. 예로부터 집안에 글 읽는 소리가 끊어지면 대가 끊어진 것이라고 할 정도로 독서를 강조했다. 자녀와 같은 책을 읽고 서로 얘기를 나눠보는 것도 좋은 대안이 될 수 있겠다.

51. 呂榮公曰 內無賢父兄하고 **外無嚴師友**요 **而能有成者 鮮矣**니라

여형공왈 내무현부형 외무엄사우이능유성자 선의

여형공(呂榮公)[29]이 말하였다. 집안에 어진 부형이 없고 밖에 엄한 스승과 벗이 없으면서 성공하는 자가 드물다.

가르침을 받을 때 원칙이 있었는지는 매우 중요하다. 건물을 지을 때 설계도가 있듯이 행동하기 위해서는 그 원형에 해당되는 원칙을 반드시 알고 있어야 한다. 여기서 등장하는 인물들은 가정, 학교, 대인관계로 확대되면서 대면하게 되는 사람들이다. 각기 그들과의 관계에서 원칙에 벗어날 때마다 적절한 충고를 받아들였는가는 중요한 질문이다. 자녀가 잘못했을 때 지적해주지 않는 부모는 없다. 제자가 잘못했을 때 지적해주지 않는 스승도 없을 것이다. 친구사이에는 다소 어려울 수 있겠다. 친구에게 충고할 수 있는 진정한 친구이다. 이 모

29) 呂榮公은 북송 때 성리학자이다. 이름은 希哲, 자는 原明으로 신국정헌공(申國正獻公, 송나라의 재상으로 呂公著를 말함. 자는 晦叔, 申國公에 봉해지고 정헌은 시호임)의 맏아들이다. 정헌공이 집에 있을 때에는 간략하고, 무게 있고, 일을 덜고, 말을 삼가며 세속적인 일을 마음에 경영하지 않았다. 그리고 신국 부인은 성품이 엄격하고 법도가 있었으니, 비록 매우 공을 사랑했으나 공을 가르침은 일마다 법도에 좇아 실천하게 했다. 개인블로그 참조. http://kkjseoul.mireene.com/bbs /view.php?id=bang&page=791&sn1=&divpage=3&sn=off&ss=on&sc=on&select_arrange=hit&desc=asc&no=1122, 2015.10.29. 검색.

든 사람들의 충고보다 선행되어야 할 것은 자기 자신에 대한 평가와 충고이다. 스스로를 성찰하는 사람은 이후의 삶에서 실패할 확률이 낮다.

제11편 성심편(省心篇)과 청춘의 지혜

마음을 살피는 글이다. 성심편은 명심보감의 내용 중에서 가장 많은 분량을 차지한다. 대체로 편자에 따라 상과 하로 구분되는데 이는 내용의 이질성 때문이라기보다는 상대적으로 많은 분량 때문인 것으로 보인다.

52. 父不憂心因子孝요 夫無煩惱是妻賢이라 言多語失皆因酒요 義斷親疎只爲錢이니라

부불우심인자효 부무번뇌시처현 언다어실개인주 의단친소지위전

아버지가 마음에 근심이 없으면 자식이 효도를 잘 하기 때문이요, 남편이 번뇌가 없음은 아내가 어질기 때문이다. 말이 많고 말실수를 하는 것은 모두 술 때문이요, 의(義)가 끊어지고 친함이 소원(疏遠)해지는 것은 결국 돈 때문이다.

부모가 걱정하는 것은 절반 이상이 자식 때문이다. 그 자식들이 부모에게 효를 다하면 그 부모가 걱정할 일이 없다. 부모에 대한 효도 시류에 따라 변하는 것 같다. 요즘에는 대학 좋은 데 가고 졸업하자마자 취직하는 것이 제일 큰 효도라고 한다. 정해놓은 취직자리가 제한되면 스스로 직업을 만드는 개척정신도 필요할 것이다.

부부관계에 있어서 금술이 좋다는 것은 서로 스스럼없이 대화를 할 수 있다는 것이다. 아주 사소한 것까지 의논할 수 있는 대상이 부부이다. 만약 초기부터 그런 것이 잘 되지 않으면 종국에 큰 일이 일어나고 나서 서로 얼굴 붉히면서 그동안 쌓인 애기들을 하게 된다. 문제가 된 그 시점에서 앙금을 털고

나가야 한다. 부부관계는 다른 대인관계와는 특별하다. 아주 편한 것 같아도 아주 어렵다. 특히 자녀들 앞에서 서로 싸우는 모습은 금물이다. 다음에 부모가 원칙을 제시하면 부모도 싸웠기 때문에 권위를 확보할 수 없다. 이럴 때에는 둘 중에 한 명이 져주는 것이 좋다.

대인관계에서 처음 대면을 할 때 술을 하는 것은 쉽게 대화로 이끌 수 있는 좋은 장점이 있다. 그런데 술에 너무 기울게 되면 잘 되었던 일도 그 술 때문에 망치는 경우가 많다. 술은 중독성이 있기 때문에 주기적으로 마시면 나중에 헤어나기 힘들다.

돈은 매우 중요하다. 자본력의 지표가 될 뿐만 아니라 교환수단으로 상징성이나 힘이 대단하다. 그런데 잘 아는 사람끼리도 의가 상하거나 소원해지는 경우 대체로 이 돈 때문이다. 대학의 교수들 중에서도 그런 사람들이 있다. 교수의 사명은 수업, 연구, 봉사로 요약되는데, 돈 되는 일은 계속해서 쫓아다닌다. 개설하는 과목도 대학에서 지원하는 프로그램과 관련 있을 경우에는 꼭 신청하고, 연구활동을 할 때에도 돈만을 쫓고 심지어 자신의 친인척들을 공동연구원으로 참여시켜 물의를 일으키기도 한다. 그런 사람들은 정년할 무렵에 판명된다. 객관적으로 봤을 때 전공이 뭔지를 알 수 없다. 정체성관리를 분명히 하지 않은 결과이다.

53. 子曰 不觀高崖면 何以知顚墜之患이며 不臨深泉이면 何以知沒溺之患이며 不觀巨海이면 何以知風波之患이리오

자왈 불관고애 하이지전추지환 부임심천 하이지몰익지환 부관거해 하이지풍파지환

공자가 말했다. 높은 벼랑을 쳐다보지 않고서 어찌 굴러 떨어지는 환난(患難)을 알 수 있으며, 깊은 우물을 가보지 않고서 어찌 빠져 죽는 환난을 알 수 있으며, 큰 바다를 보지 않고서 어찌 풍파의 환난을 알 수 있겠는가.

우리가 마음을 다잡을 때, 직접 체험해보는 것보다 좋은 것은 없다. 높은 벼랑에 올라서 보면 저기 아래 떨어지면 얼마나 위험한가를 금방 알 수 있다. 요즈음은 태어나자마자 높은 아파트에서 살게 되므로 작은 벼랑에 떨어지는 모습을 직접 체험해보지 못한다. 그래서인지 극단적인 선택을 더 많이 하는 것인지도 모르겠다. 그것이 깊은 샘이건 큰 바다이건 젊어서 그러한 장면을 많이 보고 경험하는 것이 중요하다고 본다.

54. 子曰 明鏡은 所以察形이요 往者는 所以知今이니라

자왈 명경 소이찰형 왕자 소이지금

공자가 말했다. 밝은 거울이 얼굴을 비추듯이, 자신의 과거는 현재를 비추어준다.

거울에서 비친 나의 모습은 정확히 내 모습이 아니다. 좌우가 바뀐 모습이다. 요즈음에는 스마트폰에 selfie기능30)이 있어서 정확한 자신의 모습을 볼 수 있다. 어떻든 거울은 내

---

30) 'Selfie'란 자화상을 뜻하는 'Self-Portrait'의 줄임말로 촬영자가 자기 자신을 찍은 사진을 말한다. 셀프 카메라(Self Camera)의 줄임말인 셀카와 같은 의미로 사용되는 신조어다. 최초의 셀피는 1839년 사진가 로버트 코넬료(Robert Cornelius)가 스스로 자신을 찍어 은판 사진으로 인화한 것이다. 셀피가 본격적으로 증가한 것은 2000년 이후 인터넷이 발전하면서 SNS 등에 자기 사진을 올리는 사람들이 늘어났기 때문이다. 스마트폰과 디지털카메라 등이 등장해 사진 촬영이 쉬워진 것도 영향을 미쳤다. 2004년에는 사진 공유 사이트인 플리커(Flickr)에서 셀피의 해시태그(Hashtag)가 유행했으며 인스타그램(Instagram)이나 페이스북(Facebook) 등 SNS를 중심으로 많은 사람들이 셀피를 올리기 시작했다. 2013년 기준으로 인스타그램의 셀피 해시태그(#Selfie)에는 5,300만 개 이상의 사진이 포함되기도 했다. 2013년 11월 옥스퍼드 사전(Oxford English Dictionary)은 셀피를 2013년 올해의 단어(Word of The Year 2013)로 선정했다. 이후 셀피는 일상적인 현상으로 자리 잡았으며, 버락 오바마(Barack Obama) 등 유명인의 셀피가 화제가 되기도 한다("셀피", 『다음 백과사전』, http://100.daum.net/encyclopedia/view/47XXX XXXd260, 2015.9.22. 검색.

얼굴 모습을 비춰주는 좋은 도구이다. 그 사람이 어떤 사람인지를 알려면 어떤 과거를 살았는지를 보면 알 수 있다. 그래서 그 과거를 같이 한 친구를 보면 그 사람의 됨됨이를 알 수 있다고 하는 것이다.

55. 疑人莫用하고 用人勿疑니라

의인막용 용인물의

의심스러운 사람이거든 그 사람을 등용하지 말고, 일단 사람을 등용하게 되면 더 이상 의심하지 말라.

용인술(用人術)에 관한 내용이다. 여러 기준에 부합되지 않거나 다른 사람의 평도 좋지 않을 경우 등용하지 말아야 한다. 각종 고위공직자들의 인사청문회를 보면 이런 기준에 부합되지 못해서 중도하차하는 경우를 많이 보게 된다. 우여곡절 끝에 등용하기로 했다면 더 이상 의심하지 말고 권한을 부여해서 스스로 일을 할 수 있도록 해야 한다. 하지만 공식적인 제도상의 감찰은 필수적인데, 리더가 그 사람을 의심해서가 아니라 주변의 많은 사람들에게 전체 조직의 건전성을 진단하는 차원에서 반드시 필요하다.

56. **畵虎畵皮難畵骨**이요 **知人知面不知心**이니라

화호화피난화골 지인지면부지심

호랑이를 그리되 가죽은 그릴 수 있지만 속에 있는 뼈는 그리기 어렵고, 사람을 알되 얼굴은 알 수 있지만 깊은 내면의 마음은 알지 못한다.

겉으로 나타난 모습만으로 모든 것을 판단해서는 안 된다. 요즈음은 fMRI(functional Magnetic Response Image), EEG(Electroencephalogram) 등과 같은 최첨단 기법이 개발되어 우리가 무슨 생각을 하는지 뇌를 입체적이면서도 기능별로 다양하게 살펴볼 수 있게 되었다. 하지만 그것이 오욕칠정을 분명히 제시해준다고는 할 수 없다. 맛으로 치면 새콤달콤한 맛에 해당되는 미묘한 감정을 표현할 수는 없을 것이다. 이처럼 무궁무진한 것이 인간의 마음인데, 그러한 마음을 가진 사람끼리 인간관계를 한다는 것은 거의 무한대에 가까운 변수가 존재한다. 그럼에도 불구하고 제일 중요한 것은 다른 사람이 나를 신뢰할 수 있게 스스로 처신하는 것이다. 그래야 진정한 대화가 시작될 수 있기 때문이다.

57. 海枯終見底나 人死不知心이니라

해고종견저 인사부지심

바다는 마르면 마침내 그 밑바닥을 볼 수 있으나, 사람은 죽어도 그 마음을 알지 못한다.

실제로 바다가 말라서 바닥을 드러내는 일이야 없겠지만, 간혹 큰 호수가 자연재해로 인해 바닥을 드러내는 장면을 볼 수 있다. 좋은 시절에 노닐던 잉어며 가물치 등이 파닥거리고 죽어가는 모습은 차마 눈뜨고 볼 수 없다. 이렇게 자연은 생을 다하게 되면 자신의 속살을 있는 그대로 다 보여준다.

하지만 인간은 죽는 순간에도 그 마음을 알 수가 없다. 생각하는 모든 동물들의 죽음도 마찬가지일 것이다. 특별히 인간의 죽음은 그 사유의 폭이 너무나 넓기 때문에 무슨 생각을 하면서 죽었는지를 알 수가 없다.

58. **不經一事**면 **不長一智**니라

불경일사 부장일지

한 가지 일을 겪지 않으면 한 가지 지혜가 생기지 않는다.

지혜는 반드시 현실을 토대로 할 때 의미가 있다. 머릿속으로만 생각하는 지혜는 완전한 지혜라고 할 수 없다. 그것을 실천할 때도 마찬가지다. 행동으로 옮기지는 않고 말만 먼저 앞세우는 것은 존경받지 못한다.

지혜의 신은 일 한 가지마다 자신의 비밀을 숨겨놓은 듯하다. 결국 더 큰 지혜를 터득하는 것도 한 가지 작은 지혜를 터득하는 데서부터 시작된다.

59. 是非終日有라도 **不聽自然無**니라

시비종일유 불청자연무

시비(是非)를 다투는 일이 종일토록 계속되더라도 귀 기울여 듣지 않으면 자연히 없어진다.

◕ 대체로 시비를 다투는 싸움은 나만 옳고 상대방은 틀렸다는 데서부터 출발한다. 하지만 아무리 자기는 잘못한 일이 없다고 하더라도 다른 사람을 기분 나쁘게 하는 아주 사소한 일조차 제공하지 않았다고 보장할 수는 없다.

결국 나중에 정도의 문제로 전환된다. 둘 다 잘못이 있는데 어느 정도 잘못했느냐로 화제를 돌리게 된다. 요즘 보험사나 법원에서도 비율로 보상과 배상의 정도를 결정하는 것도 바로 이러한 한 예이다.

60. **有福莫享盡**하라 **福盡身貧窮**이요 **有勢莫使盡**하라 **勢盡寃相逢**이니라 **福兮常自惜**하고 **勢兮常自恭**하라 **人生驕與侈**는 **有始多無終**이니라
유복막향진 복진신빈궁 유세막사진 세진원상봉 복혜상자석 세혜상자공 인생교여치 유시다무종

복이 있어도 다 누리려고 하지 마라. 복이 다하면 몸이 빈궁해진다. 권세가 있어도 다 부리려고 하지 마라. 권세가 다하면 원수와 마주치게 된다. 복이 있거든 항상 아끼고, 권세가 있거든 항상 공손하라. 인생의 교만과 사치는 처음은 있으나 종말이 없는 경우가 많다.

복이나 권세는 내 인생에 있어서 허영이다. 왔다가 가는 외피에 불과하다. 그것이 나의 진정한 모습인 줄 알고 위세를 떨면 안 된다. 왜냐하면 곧 야인으로 돌아가고 곧 늙은이가 된다. 그때는 아무 가진 것이 없게 된다. 가진 재산이 많다고 상대적으로 가난했던 옛 친구를 업신여기고, 권세가 좀 있다 해서 하청업자나 예하기관에 함부로 대했다가는 결국 자신에게 그 해악이 돌아온다. 한 때 나로부터 괄시를 당하기도 했던 가난한 사람이 재테크를 잘 해서 나보다 더 큰 부자가 되었을 때 얼굴을 들 수가 없을 것이다. 또 나로부터 업신여김을 당했던 옛날의 부하직원이 초고속 승진을 해서 나의 상관이 될 수도 있다. 항상 공손하고 겸손해야 한다. 하지만 불의 앞에서는 언제나 문제 제기할 수 있는 마음의 준비는 하고 있어야 한다.

61. **黃金千兩**이 **未爲貴**요 **得人一語**가 **勝千金**이니라

황금천량 미위귀 득인일어승천금

황금 천 냥은 그렇게 귀한 것이 아니다. 사람의 좋은 말 한 마디가 천금(千金)보다 낫다.

황금이 아무리 좋다 한들 임종을 앞둔 노인 앞에서 무슨 소용이 있겠는가? 그저 "당신을 사랑했습니다. 당신의 영혼은 영원히 우리 곁에 있을 겁니다."라고 위로하는 기도 한 마디가 최상의 선물일 것이다. 우리는 언제는 죽음을 안고 산다. 죽음을 염두에 두고 모든 일을 생각하면 복잡한 문제도 다 풀리게 된다. 아주 보기 싫은 사람도 이제 저 사람 마지막으로 보는 것이라고 생각해보면 그렇게 밉게 보이지도 않을 것이다.

62. **寧塞無底缸**이언정 **難塞鼻下橫**이니라

녕색무저항 난색비하횡

밑 빠진 항아리는 막을 수 있을지언정 코 아래 가로 놓인 입은 막기 어렵다.

아무런 소용도 없는 일을 우리는 "밑 빠진 독에 물 붓기"라고 한다. 요새는 접착제가 좋은 게 많아서 그 빠진 밑바닥도 붙일 수 있다고 하니 참 좋은 세상이다. 하지만 코 밑에 있는 10cm도 안 되는 입을 가로 막기가 그렇게 어렵다고 하니 웃지 못할 일이다. 대체로 말을 하다보면 탄력이 붙어서 계속하게 되는 경우가 많다. 누구나 이러한 지적에 자유로울 수는 없다. 괜히 얘기했다는 생각이 들 때가 많다. 가끔씩 마스크를 쓰고 다닐 필요도 있겠다. 독감 걸렸다고 하면서…

63. 天不生無祿之人하고 地不長無名之草니라

천불생무녹지인 지부장무명지초

하늘은 역할 없는 사람을 만들지 않고, 땅은 이름 없는 풀을 기르지 않는다.

피조물이 이 세상에 등장하는 것은 반드시 신의 섭리 때문이다. 이유 없이 오지는 않았다. 모두 존재이유를 가지고 자리하고 있는 것이다. 땅 또한 아무리 우리가 봐서 보잘 것 없는 풀이라고 해도 다 의미 있기 때문에 기르는 것이다.

간혹 실의에 빠져서 "신이시여, 왜 나를 만드셨습니까"라고 물어볼 수 있다. 우선은 그렇게 실의에 빠져서 물어보도록 만든 것일 터이고, 더 나아가서는 그 실의를 딛고 새로운 길로 들어서게 되었다는 얘기를 들려줄 의무감에서 태어난 것이리라. 아무 가망이 없어 보이지만 진지하게 고민해보면 마냥 죽는 길만 있는 것이 아니다. 우리 주변에는 여러 주제의 상담센터가 많이 있다. 평상시 정신과 몸이 온전할 때 자신의 약점과 관련하여 어떤 상담센터가 있는지 주변을 한 번 쯤 둘러보는 것도 좋을 것이다.

64. **成家之兒**는 **惜糞如金**하고 **敗家之兒**는 **用金如糞**이니라

성가지아 석분여김 패가지아 용김여분

되는 집의 아이는 남들이 봐서 하찮아 보이는 똥도 귀하게 여기고, 망하는 집안의 아이는 돈을 쓰기를 똥과 같이 천하게 여긴다.

한 아이가 성장하는 것은 그 환경이 매우 중요하다. 될 만한 기품과 가능성을 가진 아이는 그냥 만들어지지 않는다. 가족과 그 가풍의 영향을 받게 된다. 한 집안의 아이는 그 집안의 환경에 따라 반 이상은 가능성이 결정되었다고 봐도 지나치지 않다. 이와 같이 환경을 중시하는 예는 일상의 속담에서도 확인된다. 되는 집의 개는 밖에 나갔다 돌아오면서 무엇 하나라도 물고 들어온다는 말이 있다. 반드시 그러한 경우는 아니지만 최초의 기회는 똑같이 부여된다. 잘 되려고 하는 사람은 그 기회를 알아채서 포착하게 되는 것이고, 잘 되지 못할 사람은 다가오는 기회가 기회인지조차도 몰라서 그냥 지나치게 된다. 이러한 과정은 계속해서 발생된다. 잘 되려고 하는 사람은 설령 작은 실패를 했다고 하더라도 그것을 더 큰 성공을 위한 발판으로 삼으며, 잘 되지 못할 사람은 바로 그 자리에서 주저앉고 만다. 개인의 삶이 여무는 터전인 가정은 가족의 모든 역사가 보존되고 있기 때문에 이러한 성공과 실패 그

리고 올바른 대처방법을 가장 가까운 곳에서 체득할 수 있는 공간적 계기가 된다. 동전이 아무렇게나 돌아다니는 가정에서 경제적 풍요함이 찾아올 수 없다. 풍요로움은 처음부터 부여되는 것이 아니라 작은 것부터 하나부터 아끼는 마음에서부터 오는 것이다.

65. 一日淸閑이면 一日仙이라

일일청한 일일선

하루 동안 마음이 맑고 한가로우면 하루 동안은 신선이 되는 것이다.

인생은 하루가 모여서 되는 것이다. 평생 신선으로 살려면 단 하루만이라도 제대로 된 신선이 될 수 있어야 한다. 하루도 신선이 못되면서 평생을 신선으로 살려고 하는 것은 고약한 심보다. 마음속에 복잡한 일들이 한꺼번에 들어 앉아 있으면 번거롭기 짝이 없다. 무엇을 먼저 해야 할지 갈피를 잡을 수가 없기 때문이다.

66. 子曰 木縱繩則直하고 **人受諫則聖**이니라

자왈 목종승즉직 인수간즉성

공자가 말했다. 나무는 먹줄을 좇으면 곧아지고, 사람은 충고를 받아들이면 성인다워진다.

종승(縱繩)이라는 말은 목수들이 나무를 톱으로 길게 켜기 전에 먹줄을 놓을 때의 일이다. 이쪽과 저쪽 끝까지 켜고 싶은 방향으로 가져다대고 먹물 입힌 실로 탱탱하게 당겼다가 마지막에 한 번 튕겨주면 먹물이 나무에 그대로 묻게 된다. 그러면 그걸 보고 목수가 톱으로 켜는 것이다. 이것도 기준에 해당되는 얘기다. 사람도 다른 사람의 제대로 된 충고를 받아들이면 성인이 될 수 있는 것이다. 그런데 진심어린 진정한 충고인지 시기심에서 발로된 비아냥거림인지를 잘 구분해야 한다. 만약 후자라면 더 꿋꿋하게 밀고 나가야 한다. 이것을 판별하기 곤란할 경우 전혀 이해관계가 없는 제3자에게 다시 물어 확인하는 것이 좋다.

67. 蘇東坡曰 無故而得千金이면 不有大福이라 必有大禍니라

소동파왈 무고이득천금 불유대복 필유대화

소동파(蘇東坡)[31]가 이르기를, 까닭 없이 천금을 얻으면 큰 복이 있는 것이 아니라, 반드시 큰 재앙이 있느니라.

복은 내가 노력한 결과 자연스럽게 다가온 친구이다. 여기서 복은 내가 노력한 것인지 자연스럽게 온 것인지 두 개의 요건을 다 충족해야 한다. 친구가 나를 해칠 리는 없으므로 그렇게 다가온 복은 나에게 해를 끼치지 않을 것이다. 만약 내가 노력하지도 않았는데 어느 날 갑자기 내게 복이 주어졌다면 무슨 뒷배경이 분명히 있다. 그것도 대체로 좋지 않은 의도가 숨겨져 있다. 뇌물일 가능성도 많다. 이 세상에 공짜는 절대 있을 수 없다. 내가 공들인 노력의 정당한 대가가 복인 것이다. 노력한 것 이상으로 받으려고 해서는 안 된다.

31) 蘇東坡(1037~1101)는 중국 북송 때의 제1의 시인이다. "독서가 만 권에 달하여도 율(律)은 읽지 않는다"고 해서 초유의 필화사건을 일으켰다. 당시(唐詩)가 서정적인 데 대하여 그의 시는 철학적 요소가 짙었고 새로운 시경(詩境)을 개척하였다. 대표작인 『赤壁賦』는 불후의 명작으로 널리 애창되고 있다. "소동파", 『네이버 지식백과』, http://terms.naver.com/entry.nhn?docId=1113722&cid=40942&categoryId=33395, 2015.10.28. 검색.

68. 渴時一滴은 如甘露요 醉後添盃는 不如無니라
갈시일적 여감로 취후첨배 불여무

목마를 때에 한 방울의 물은 감로수(甘露水)와 같고, 취한 뒤에 잔을 더하는 것은 없는 것만 못하니라.

◉ 타는 목마름을 잠재우려면 물 한 모금이면 족하다. 대양에서 조난당했을 때, 붕괴된 아파트에 고립되었을 때, 무엇보다 생각나는 것은 물 한 모금이라고 한다. 우리 몸의 대부분이 구성요소가 물이기 때문에 물의 균형이 깨어지면 온 몸이 망가지게 마련이다. 그래서 물이 몸에서 빠져나가면 환청이 생기고 몽롱해지면서 물 이외에는 아무 것도 생각나는 게 없다고 한다. 그런 극한 상황이 되면 하늘에서 내리는 비가 얼마나 소중한지를 알 수 있다고 한다. 오죽했으면 자신의 오줌을 받아 마시겠는가.

그런데 술은 일종의 사치다. 긴장된 몸과 마음을 풀어주거나 소원한 인간관계에서 첫 만남을 부드럽게 해주는 장점도 있다. 하지만 취하게 되면 아무렇게나 말이 튀어나온다. 고대 그리스 시대 소크라테스는 그 많은 향연 속에서도 술의 노예가 되지 않았다고 한다. 실제 소크라테스는 펠레폰네소스 전쟁에 세 번이나 참전한 참전용사였다. 우리가 흔히 알고 있는 사변철학자의 활동만 했던 것이 아니다. 그는 불의 앞에 용감

했으며, 약자 앞에서 자상했다. 위기에 처한 알키비아데스 장군을 몇 번이나 전쟁터에서 구출하기도 했다. 한 겨울 행군을 할 때에는 맨발로 다녔다. 전쟁터에서도 내면의 목소리(daimonion)[32]를 듣기 위해 남들은 육신 피곤하여 밤에 잠을 자는 동안에도 조용히 기도를 했을 정도였다.

우리가 마음을 정하면 해낼 수 있다. 술 마시면서 말이 많아지는 것은 자기 자신에 대한 자부심이 부족하기 때문이다. 항상 상대방에 대한 일종의 콤플렉스가 있는 사람들이 말이 많다. 자신의 이력에 대한 콤플렉스가 있는 사람도 말이 많다. 흉물스럽게도 음식물을 토해내기도 한다. 그럼에도 불구하고 계속해서 술에 빠져드는 것은 일종의 마약 효과를 가지고 있기 때문이다. 술을 마시게 되면 실제 시간과 체감 시간이 차이가 생기게 된다. 실제 시간은 1시간이라면 체감 시간은 술 취한 정도에 따라 점차 짧아진다. 한여름 엿가락처럼 길게 늘어지는 듯한 느낌을 받는다. 가끔 그 실제 시간을 따라 잡기 위해 건너뛰기도 하는데, 다른 사람이 들으면 횡성수설이 되는

---

32) 이 '내면의 목소리'란 『소크라테스의 변론』, 『테아이테토스』 등에서 사용되는 표현으로, 소크라테스의 실존의 본질적 계기를 말한다. 다이모니온이란 '다이몬과 같은 것'이라는 뜻이며, '다이몬의 신호'라는 말로 표현되기도 한다. 이 목소리는 대개 소크라테스의 태도 결정에서 대개 금지의 형태로 나타나는 내적인 신(神)의 소리, 마음속으로부터의 경고를 의미한다. "소크라테스의 다이모니온", 『네이버 지식백과』, 2015.9.22. 검색.

것이다. 돌이켜 보면 정말 반성이 많이 된다.

오래되지 않은 얘기다. 상관 중에 술을 마시면 그 공동체 밖의 사람들에게 부하 욕을 습관처럼 하는 사람이 있다. 그것도 콤플렉스에서 기인한 것이다. 자신의 리더십이 부족하다는 것을 보여주는 하나의 증거이다. 자신이 더 잘났다고 자랑하고 싶은 것이다. 그런데 다음에 다른 술자리가 펼쳐지면 지난번에 다른 사람 욕할 때 들어줬던 그 사람을 또 욕하는 것이다. 심리적으로 문제가 많은 사람이다.

69. 易曰 德微而位尊하고 智小而謀大면 無禍者鮮矣니라
역왈 덕미이위존 지소이모대 무화자선의

『周易』[33]에 말하였다. 덕은 적은데 지위가 높으며, 지혜는 작은데 도모함이 크면 화(禍)가 없는 자가 드물다.

사람에게는 품수가 있다. 그 품수는 여간해서는 변하지 않는다. 부단한 노력을 하면 약간의 중량의 변화는 있을 수 있지만 질적인 대변혁을 가져오기 위해서는 뼈를 깎는 고통이 동반되는 노력을 하지 않으면 안 된다. 이와 같은 대오각성의 계기가 없이 자신의 낮은 품수에 기반하여 분에 넘치는 허울을 덮어쓰게 되면 견뎌내지 못하고 그 허울 속에 매몰될 수밖에 없다.

덕은 적은데 지위가 높으면, 아랫사람들을 포용할 수 없다. 자기보다 더 똑똑한 부하의 지혜를 시기하기 때문이다. 지혜는 작은데 큰 일을 도모하면 화를 당하게 되어 있다. 작은 지혜란 흔히 '잔머리'라는 속어로 대체될 수 있다. 작은 이해관계를 잘 따지는 것이다. 자신의 이익에 관계되는 이해관계만을 잘 따지는 사람이 이 세상 돌아가는 원리를 다루는 큰 지혜를 체득했을 리가 없다. 그러니 큰 일을 도모하다간 낭패를 보게 된다.

---

33) 『周易』이란 유교의 經典 중 三經의 하나인 『易經』을 말한다.

간혹 큰 일을 도모해본 사람이 자칫 실수하는 경우도 있다. 나라 경영도 해보았는데, 이 정도쯤이야 하면서 작은 사업을 하다가 망하는 경우도 있다. 물론 그런 사람은 큰 지혜를 제대로 체득하지 못했음에 틀림없다. 규모가 큰 일을 한다고 해서 반드시 큰 지혜를 가졌다고는 볼 수 없다. 반대로 작은 규모의 일을 하는 사람이라고 해서 큰 지혜를 가지지 않았다고 볼 수 없는 것이다. 한 가지 일을 하더라도 큰 지혜로서 행하면 그것은 온 나라를 통치하는 것과 같은 것이다.

70. **遠水**는 **不救近火**요 **遠親**은 **不如近隣**이니라
원수 불구근화 원친 불여근린

먼 곳의 물은 가까운 곳의 불을 끄지 못하고, 먼 곳의 친척은 가까운 이웃만 같지 못하니라.

이웃사촌이 좋다는 얘기다. 덕을 베풀 때도 가장 가까운 사람부터 해야 한다. 집안에서도 분쟁이 조정되지 않는데 밖에 나가서 사회갈등을 조정하는 상담이나 강의를 한다는 것은 어불성설이다. 어렸을 적에 제사를 지내면 끝나자마자 바로 옆집에 제사음식을 배달했던 기억이 난다. 다른 집들은 날이 밝으면 배달했었다. 바로 옆집이 제일 중요하다는 얘기다. 내가 초등학교 다닐 적에 동생들 중 누군가의 실수로 집에 불이 난 적이 있다. 등잔불이 넘어져서 방안에 있는 이불로 불이 옮겨 붙었던 것이다. 불씨가 방 뒤에 나 있던 쪽문으로 튀는 바람에 뒤쪽 처마 밑에 쌓아 둔 마른 나무에 옮겨 붙어서 집 전체가 다 타버릴 위기에 놓였었다. 그 때 옆집 아저씨와 아주머니 그리고 그 형들이 주축이 되어 우리 집 불을 진화해주었다. 얼마나 고마운 일인지 모른다. 아마 거꾸로 되었어도 우리 형제들이 옆집에 불이 났었다면 그 불을 꺼주었을 것이다. 바로 옆집에 사는 이웃이 그 정도로 중요한 것이다. 이후 내 막내 동생은 몇 살 되지도 않았는데 가끔씩 무슨 뜻인지 알지도 못

하면서 "불이야!"라고 말하곤 했었다. 지금은 막내 동생의 큰 아들이 캐나다의 5년제 최고 공과대학 건축공학과에서 내화(耐火)에 관심을 갖고 열심히 진력하고 있다고 하니 한 고비를 넘기면 또 다른 전기가 다가온다는 사실을 새삼 깨닫게 된다.

71. **太公曰 日月**이 **雖明**이나 **不照覆盆之下**하고 **刀刃**이 **雖快**나 **不斬無之人**하고 **非災橫禍**는 **不入愼家之門**이니라

태공왈 일월 수명 부조복분지하 도인 수쾌 불참무지인 비재횡화 불입신가지문

태공(太公)이 말하였다. 해와 달이 비록 밝으나 뒤집어 놓은 그릇의 밑바닥은 비추지 못하고, 칼날이 비록 예리하나 죄 없는 사람을 베지는 못하고, 나쁜 재앙과 화도 조심하는 집 문에는 들어가지 못한다.

선한 생각과 조심스러운 행동은 큰 권세 앞에서도 무너지지 않는다는 가르침이다. 아무리 매서운 추위도 움츠리면 덜 춥다. 털어서 먼지 안 나는 사람 없다면서 꽁꽁 감추어 둔 꿈 속의 얘기까지 다 들추어낸다면 아무도 온전할 사람이 없을 것이다. 하지만 우리의 사유의 자유는 무한대이다. 심지어 흉측한 생각을 하는 것도 자유다. 그만큼 인간의 사유와 사상은 무한대로 자유롭게 부여되어 있는 것이다. 자신만의 공간이 절대 보장되어야 한다. 다만 이왕지사 살아가게 되는 마당에 나쁜 꿈을 매일 밤마다 꿀 필요는 없다. 항상 좋은 생각을 하고 간절한 생각을 하다보면 거기에 부합되는 꿈을 꾸게 된다. 그런 상태가 되면 설령 절대권력이 나의 꿈까지 들추어보겠다고 해도 아무런 거리낌이 없을 것이다.

권력의 칼날이 아무리 날카롭기로서니 죄 없는 백성의 목을 내리칠 수는 없다. 권위주의 시대 최루탄 만드는 사업이 가장 잘 되는 사업 중의 하나였다고 한다. 심지어 수출까지 했다고 하니 잘 되긴 잘 되었나보다. 대학 다닐 때 교원임용시험 결사 반대를 외치면서 딱 한 번 데모에 가담했다가 직격탄을 맞고 학교 앞 고랑에 꼬꾸라졌던 일이 있다.[34] 이름 그대로 눈물만

---

34) 당시의 교원임용시험은 국립사범대학 졸업생에게는 의무발령제가 적용되어 졸업과 동시에 발령 나게 되어 있었다. 당국의 조치는 이것을 교원임용시험을 치러서 모든 사립 사범대학에도 적용하겠다는 것이었다. 당시의 사립대학 사범대학은 사립학교나 아주 소수의 결원보완책으로 존재했었던 것이지 완전히 제도화된 것은 아니다. 물론 적법한 절차(헌법재판소의 판결)를 거쳐서 전국의 사범대학 졸업자와 교직과정을 이수한 자들에게 모두 시험에 응할 수 있는 기회가 부여되었다. 이후 김영삼 정부 때 전문대학도 4년제 대학으로 큰 무리 없이 승격할 수 있게 해주는 대학승격의 자율화 움직임이 있고 나서 이제는 어디가 전문대학인지 알 수 없을 정도로 대학의 인플레가 생기게 되었다. 정원도 큰 문제없이 늘릴 수 있게 되었다. 이러한 총체적인 문제가 맞물려서 요즈음 정규 사범대학(사립 사범대학 포함) 졸업생들의 임용시험 응시비율이 과목별로 차이는 다소 있지만 최소 100 : 1 정도는 되는 것이다. 물론 교직과정을 이수한 사람들이 정규 사범대학 졸업생들과 견주어 실력이 떨어진다고는 볼 수 없으나 국가인재 양성 차원에서 모든 사람들에게 모든 기회를 다 부여하는 것은 효율성이 떨어지는 것이다. 정규 사범대학에서는 교과 지식뿐만 아니라 교직 인성 부분도 교과외적으로 동시에 중시하면서 가르치고 있는데, 교직과정 이수자들에게도 그것을 강요하게 되면 그들의 본과 교육과정을 무시하게 되는 이중적인 피해가 발생하게 될 것이다. 학부에서의 교직과정은 없애고, 원한다면 졸업 후에 양성과정의 교육대학

재촉하는 것이 아니라 머리에 있는 액체는 모두 불러내는 고약한 특징을 갖고 있었다. 이후 장교훈련을 받는다는 핑계로 동참할 수 없게 되었지만, 정당한 의사전달 절차에 대해 무력으로, 더 정확하게는 최루탄(催淚彈)의 힘으로 진압하려고 하는 것은 문제가 있다고 생각했었다.

나쁜 재앙도 조심하면 피할 수 있다. 왜냐하면 그 재앙도 사람이 부르는 것이기 때문에, 조심하는 사람에게는 재앙이 따르지 않게 된다. 매사에 물건 하나 살 때도 이모저모 잘 따져보고 사는 주부가 있는 집안에서 어떻게 사치가 있을 수 있겠는가. 가족 중에 누군가가 일시적으로 잘못된 생각을 했다가도 그러한 가풍의 영향을 깨우치고 정상으로 반드시 돌아오게 되어 있다.

원에 진학해서 자격증을 획득하고 시험에 응시하는 것이 바람직하다고 본다.

72. **性理書云 接物之要**는 **己所不欲**을 **勿施於人**하고 **行有不得**이어든 **反求諸己**니라

성리서운 접물지요 기소불욕 물시어인 행유부득 반구제기

『성리서』에 말하였다. 남을 대하는 핵심은 내가 원하지 않는 것을 남에게 베풀지 않는 것이다. 그렇게 행해도 얻지 못하는 것이 있거든 나 스스로에게 뭐가 잘못이 있었는지를 반성해보라.

대인관계의 핵심은 사심을 버린 내가 원하지 않는 것을 남에게 강요하는 것이다. 인간이라면 비슷한 정욕을 갖고 있다. 단 것을 좋아하고 쓴 것을 멀리한다. 누구에게나 꿀을 선물로 주면 다 좋아한다. 먹어보면 달기 때문이다. 내가 좋아하는 것을 나만 많이 갖겠다고 하면 다른 사람들이 싫어할 것은 뻔하다. 반면에 내가 싫어하는 것을 다른 사람에게 하라고 하면 다른 사람이 좋아할 리가 없다. 아무리 사랑하는 마음을 가지고 있다고 해도 당장 상대방이 싫다고 하면 안하는 것이 좋다.

이렇게 해도 안 되는 일이 있으면 그 문제는 자기 자신에게 있다. 모든 인식의 첫 출발은 자신에게서부터 비롯되며, 그 책임도 자신에게 부여된다. 그런데 예외적인 경우가 있을 수 있다. 남녀 모두 신체적인 호르몬의 큰 변화를 두 번 겪게 되는

데, 한번은 청소년기에서 성년이 될 때, 또 한 번은 성년에서 노년으로 접어들 때이다. 그 이외에는 상식이 항상 통하게 되어 있다. 나에게 좋은 일은 남에게도 좋고, 나에게 싫은 것은 남에게도 싫다. 갖은 노력을 다 했는데도 불구하고 심지어 예외적인 경우까지 다 했는데도 안 될 경우에는 어떻게 해야 하겠는가? 그것도 바로 자기 자신에게 문제가 벌써 내재되어 있었던 것이다. 상대는 그 이전의 내 행동의 패악까지 다 기억하고 있으면서, 이후 이어지는 나의 행동에서 보여 지는 신뢰할 수 없는 것들을 간혹 볼 수 있었기 때문에 좋게 반응을 보이지 않는 것이다.

제12편 입교편(立敎篇)과 청춘의 지혜

입교란 가르침을 세운다는 뜻이다. 예로부터 가르치는 것도 만드는 것만큼이나 중요한 하나의 전문분야였다. 태학(太學), 국자감(國子監), 성균관(成均館), 향교(鄕校) 등이 바로 그러한 가르치는 기관의 이름이었다. 이 편에서는 어떤 내용을, 어떻게 가르쳐야 하는지를 다루고 있다.

73. **讀書**는 **起家之本**이요 **循理**는 **保家之本**이요 **勤儉**은 **治家之本**이요 **和順**은 **齊家之本**이니라

독서 기가지본 순리 보가지본 근검 치가지본 화순 제가지본

독서는 집을 일으키는 근본이요, 이치를 따름은 집을 보존하는 근본이요, 부지런하고 검소함은 집을 다스리는 근본이요, 화목하고 유순함은 집안을 잘 유지하는 근본이니라.

독서는 집을 일으키는 근본이다. 책을 읽어야 과거도 보고 궁금한 게 있으면 멀리에 있는 사람에게 물어볼 수도 있다. 지금도 상황은 변함이 없다. 책을 통해서 진리를 알 수 있고, 정보를 얻을 수 있다. 최근에는 e-book이 나와서 수많은 책자를 진열 서가없이 사이버공간에서 저장할 수 있다. 물론 가끔씩 메모하면서 남기는 추억을 다시 볼 때 확인할 수 없다는 아쉬움이 있기는 하지만 아주 편리하다.

순리대로 사는 것은 집을 지키는 일이다. 큰 이익이 온다고, 큰 벼슬이 온다고 해서 자신의 분수를 넘어서 텁석 받아들인다면 나중에 큰 낭패를 당한다. 자신이 충분히 감당할 수 있는 일만 수용해야 한다. 대체로 사기사건은 이러한 틈새를 공략한 잔기술에 지나지 않는다. 인간은 누구나 순리를 벗어나는

욕심을 부리는 경향이 있기 때문이다. 노력한 것보다 더 많이 받으려고 하고 더 높은 지위에 오르려고 한다. 더 많이 더 높이 받기 위해서 노력하는 것이 아니라 노력 그 자체를 즐기듯이 기쁘게 진력하는 사람에게는 언제나 복이 오게 되어 있다.

부지런하고 검소한 집에는 경제적으로나 심리적으로 안정감이 있다. 반드시 부지런하면서 동시에 검소하기까지 해야 한다. 부지런하기는 한데 간혹 탕진해버리고 또 일하는 사람도 있다. 부지런하지 않고 검소하기만 해서는 안 된다. 가진 게 없으면 아무 것도 해볼 수 있는 일이 없기 때문이다. 부지런함은 재산 형성의 전제조건이요, 검소함은 재산 유지의 전제조건이다. 이 둘이 항상 겸비되어야 한다.

화목함과 유순함은 집안을 유지하는 근본이다. 부부가 가정을 꾸리는 것은 하나의 기적이다. 전혀 다른 문화에서 성장한 두 사람이 하나의 가정을 창조하는 것은 얼마나 어려운지 모른다. 옛날 대가족 제도 하에서는 서로 모자란 부분을 다른 가족들의 도움으로 채울 수 있었다. 또 넘치는 부분도 다른 가족들의 충고를 통해서 조절되었다. 그런데 오늘날의 핵가족 시대에는 전적으로 부부를 기준으로 가정의 모든 일이 기획되고 추진된다. 가정의 화목과 유순함은 부부 간의 애정에 기반을 둔다. 전적으로 부부의 화합에서 비롯된다. 자녀들의 성격도 부부관계를 닮게 된다. 부부 간의 다툼이 많으면 자녀들도 그대로 답습한다. 안 다툴 수는 없겠지만 극한까지 가지 않는 것이 중요하다. 그 극한이란 서로 집안 욕을 하는 것이다. 상대방 개인에 국한해서 얘기하는 것은 누구나 감당할 수 있다. 하지만 집안까지 욕하는 것은 엄청 자존심 상하게 된다. 이는 서로 삼가야 한다. 부부간 화목하기 위해서는 같이 하는 취미나 운동이 있으면 좋다. 다른 잡념을 잊을 수 있다. 취미나 운동을 하는 동안에는 오로지 그 이외에는 달리 생각하는 바가 없기 때문에 정신건강에 많은 도움이 된다. 그리고 반드시 문제가 있어서 부부클리닉을 방문하는 것보다는 상시로 병원에 동시에 검진을 받아보는 것도 좋은 방편이 될 수 있다. 친척들에게도 털어놓고 말할 수 없는 얘기도 있는 것이다. 나의 얘기를 일방적으로 들어줄 수 있는 상담대상을 많이 갖는 것이 좋다.

74. 孔子三計圖云 一生之計는 在於幼하고 一年之計는 在於春하고 一日之計는 在於寅이니 幼而不學이면 老無所知요 春若不耕이면 秋無所望이요 寅若不起면 日無所辨이니라

공자삼계도운 일생지계 재어유 일년지계 재어춘 일일지계 재어인 유이불학 노무소지 춘약불경 추무소망 인약불기 일무소변

〈공자삼계도(孔子三計圖)〉[35]에 이르기를, 일생의 계획은 어릴 때에 해야 하고, 일 년의 계획은 봄에 해야 하고, 하루의 계획은 인시(寅時)에 해야 한다. 어려서 배우지 않으면 늙어서 아는 바가 없고, 봄에 밭 갈지 않으면 가을에 거둘 것이 없으며, 새벽에 일어나지 않으면 하루 동안 무슨 일을 했는지 변명할 수가 없다.

무엇이든지 투자하지 않고 얻으려고 해서는 안 된다. 일생의 계획은 어렸을 적에 해야 한다. 지금으로 치면 대략 고등학교를 졸업하고 대학에 들어갈 무렵에는 장차 자신의 무슨 일을 하면서 살 것인지에 대한 방향을 설정해야 한다. 대강의 방향이 설정하고 살아가다가 차츰 교정해나가면 되는 것이다. 예컨대 내가 공무원이 될 것이라고 정했다면, 몇 급으로 입문

35) 孔子三計圖란 공자의 일생의 세 가지 계획을 그림으로 그린 것이다. 지금은 그 실체가 전해지지 않는다.

할 것인지, 어떤 직종으로 할 것인지 등은 차츰 조정하면 되는 것이다.

이렇게 인생의 계획을 정하고 새로운 해를 맞이하면서 연말 정도에 자신의 새로운 한 해의 계획을 매번 구체화해야 한다. 농경사회에서는 봄이 제일 중요하겠지만, 현대 사회를 사는 사람들은 대부분 연말이 제일 중요한 계획 수립 시점이다. 공무원이나 회사원 등 직장에 다니는 모든 사람이 자신이 맡고 있는 업무에 대해 연말 성과분석을 한다. 계획했던 일은 잘 되었는지 모자란 부분은 없는지 등을 분석 내용에 포함한다. 그런데 정작 자신의 인생에 대해서는 성과분석을 잘 하지 않는 경향이 많다. 양식을 만들어서 매년 10년 계획을 보정해 나갈 필요가 있다. 단지 다음해만 계획을 세우게 되면 전체 계획과 잘 맞지 않을 수 있기 때문이다. 여러 가지 방법이 있겠지만, 우선 연도를 표시하고, 그다음은 자신의 나이, 배우자의 나이, 자녀들의 나이, 당해 연도에 해야 할 중요한 일들, 직업이 변동 가능성이 있을 경우 별도로 표기하기, 그리고 비고란에는 집을 언제 사고, 차를 언제 바꾸고, 취미는 무엇을 어떻게 할 것인지 등을 기입해 넣으면 된다.

이런 연단위의 계획을 실천하면서 매 주기별로 간략한 분석과 함께 최초 연 단위 계획을 약간씩 수정해 놓는 것도 좋다. 다만 표시를 해두어야 한다. 그래야 연말에 가서 성과분석을 할 때 계획 대비 어떤 결과를 가져왔는지를 평가할 수 있다. 반기, 분기, 월 단위 계획과 분석을 그 때 그 때 보충해서 할 필요도 있다. 직장의 종류에 따라 특징을 잘 살려서 할 필요가 있다. 학교를 직장으로 하는 사람은 학기별로 변화가 많기 때문에 여름방학, 겨울방학을 최대한 많이 활용하는 계획과 평가를 해야 한다. 대부분의 생활인들은 월 단위 계획을 수립하고 평가하는 일에 최대한 관심을 기울여야 한다.

그리고 하루의 계획과 평가를 잘 해야 한다. 일상적으로 반복되는 일들이 많기 때문에 일일 계획을 수립하면서 거창한 계획을 내용에 포함하면 안 된다. 단기간 내에 할 수 있는 간단한 것이어야 한다. 예컨대 오늘 출근하면 커피는 세 잔만 마시겠다 등의 간단한 각오 같은 것이 좋다.

이와 같이 자신에 대한 냉철한 분석, 거기에 토대를 준 계기별 계획수립과 시행, 그리고 평가가 있을 때, 하루의 삶이 보람 있고, 반기의 삶이 보람 있고, 한 해가 보람 있게 되는 것이다.

75. 忠子曰 治官엔 莫若平이요 臨財엔 莫若廉이니라

충자왈 치관 막약평 임재 막약염

충자(忠子)[36]가 이르기를, 벼슬을 다스림에는 공평함만한 것이 없고, 재물을 대함에 있어서는 청렴함만한 것이 없다.

공직에서는 공평하게 하고, 재물 앞에서는 청렴해야 한다. 재물 앞에 청렴함은 개인윤리다. 스스로 욕심을 부리지 않는 것으로 족하다. 하지만 공직에서의 공평함은 매우 중요하다. 공직자가 공평하지 않았을 때 많은 사람들이 해를 입기 때문이다. 기준이 없기 때문에 뇌물로 청을 하면 판결이 좋아질 수가 있고 그렇지 않으면 좋지 않게 된다거나, 친척이 하면 좋고 모르는 사람이 하면 좋지 않다거나 한다면 그 공직자의 행위는 권위가 없게 된다.

공평하지 못한 공직자는 대개의 경우 나태하거나 개인적인 이해관계를 전제하고 있다. 공직자의 개인적인 나태함은 일회성으로 비난하고 넘길 수도 있겠으나, 공직자가 개인적인 이해관계나 재물에 청렴하지 못하면 온 백성들이 힘들게 된다. 우리의 선조들은 청렴한 공식자를 청백리(淸白吏)라고 했다.

---

36) 忠子에 대해서는 자료가 제한적이다. 韓나라 학자라는 점만 알려져 있다.

오늘날 고위공직자들의 재산공개를 하는 것도 바로 이러한 취지에서 비롯되었다. 공직자는 공무수행 중에 취득한 정보를 토대로 사익을 추구할 수 있는 유혹이 많다. 공직을 맡게 됨으로써 재산취득이 갑자기 많아졌다면 그런 의혹을 살 수 있다. 백지신탁제도[37]를 채택하는 나라도 있다.

---

37) 주식백지신탁제도란 공직자가 재임 기간 동안 재산을 수탁기관에 위탁하거나 보유주식을 매각하는 제도이다. 우리나라에서는 공직자가 재임하는 기간 동안에 3000만 원 이상의 주식을 갖고 있는 경우 은행 등 수탁기관에 맡기고 재산 운용에 간섭할 수 없도록 하고 있다. 폐쇄신탁이라고도 한다. 이 제도는 공무원이 직무상의 정보를 이용해 부당하게 취득할 수 있는 불공정한 재산의 증식을 막고, 공직자의 국정 수행에 있어서 공정성을 기하도록 하기 위해 2005년 11월(공직자 윤리법 개정안 국회 통과) 도입됐다. 주식백지신탁 대상자는 국회의원과 장 · 차관을 포함한 1급 이상 고위공직자의 본인 및 배우자 · 직계존비속이며, 기획재정부 금융정책국 및 금융 관련 사무국과 금융위원회는 4급 이상이다. 주식을 수탁받은 기관은 60일 이내에 처분하거나, 국공채 등 다른 금융자산으로 바꿔 운용해야 한다. 어디에 어떻게 운용하는지도 공직자 본인에게는 통보되지 않으며, 운용결과 재산상 손실이 나도 수탁기관은 책임지지 않는다. 단, 신탁이나 매각을 피하려면 안전행정부 소속 주식백지신탁 심사위원회에 청구해 직무 관련성이 없다는 사실을 확인받아야 한다. "주식백지신탁제", 『네이버 지식백과』, 2015. 9. 22. 검색.

제13편 치정편(治政篇)과 청춘의 지혜

치정이란 정사를 다스리는 것을 말한다. 정치를 잘 한다는 것은 백성들의 삶을 윤택하게 하는 것이 가장 기본이다. 이를 위해 동료들과의 화합, 반대파들의 의견에 귀 기울이는 것 등의 자세가 필요하다.

76. **童蒙訓曰 當官之法**이 **唯有三事**하니 **日清日愼日勤**이니 **知此三者**면 **知所以持身矣**니라

동몽훈왈 당관지법 유유삼사 일청일신일근 지차삼자 지소이지신의

『童蒙訓』[38]에 이르기를, 관직을 맡아 지켜야 할 법이 오직 세 가지가 있으니, 청렴과 신중과 근면이다. 이 세 가지를 알면 처신 할 바를 다 아는 것이다.

공직자의 마음가짐에 대한 내용이다. 여기서는 청렴, 신중, 근면을 중시한다. 청렴은 업무처리가 투명한 것을 의미하기도 하고, 재물을 탐하지 않는 것도 의미한다. 개인적으로 돌이켜보면 여태껏 재물을 많이 탐해본 적은 없는 것 같다. 하지만 업무처리를 투명하게 하는 데는 인색했던 것 같다. 옛날에는 민사심리전(줄여서 민심이라고 하기도 함)을 담당하는 별도의 부처가 일반참모부서로 군대에 있었다. 사단에 그 업무를 담당하는 부서는 민심처라고 했다. 나는 거기서 공보장교 임무를 수행했다. 그런데 민심보좌관이 몇 개월 동안 공석이 되는 바람에 그 일을 맡기로 했다. 그런데 민심참모를 맡고 있던 고참 정훈장교가 사단장 비서실장으로 이동하는 바람에 민심

38) 『童蒙訓』은 南宋의 정치인 呂本中(1084~1145)이 어린이를 훈계하기 위해 지은 3권의 책이다.

참모역할도 동시에 맡게 되었다. 그 때는 정말 매일 밤12시까지 일을 했던 것 같다. 그런데 조금 있다고 민심보좌관이 충원되었다. 하지만 나보다 고참인 그는 진급에 욕심이 없다면서 나보고 모든 일을 알아서 하라고 했다. 심지어 그 고참 대위는 나에게 업무를 강권하기 위해 협박하기도 했다. 당시로서는 인내할 수밖에 없었다. 지금 생각해보면 그 모든 것이 나를 단련시키는 좋은 계기가 되었던 같다. 정훈장교이면서도 보병의 작전계획도 공부할 수 있었고, 비밀을 접수하고, 수정하고, 생산하고, 파기하는 모든 절차를 실제 해보았던 것이다. 그런데 운 없게도 그 고참 대위 말고도 도움 안 되는 고참 선임하사 한 명이 같은 사무실에 있었다. 그는 매일 아령 연습만 했다. 매일 불평불만만 했고, 하는 일은 딱 한 가지 많지도 않은 사단의 한 참모부서 예산 처리하는 거였다. 병사에게 문서작성을 시켜서 영수증 붙여서 결재 맡아두고 나머지 아무 것도 하지 않는 거였다. 그래서 나도 이 영감과 고참 대위를 골탕 먹일 요량으로 내가 하고 있는 일을 일절 말해주지 않았다. 그랬더니 당장 나를 보고 '크레믈린'이라고 조롱했다. 아무리 상대가 밉더라도 주무자로서 뭘 하고 있는지는 얘기해줬어야 했는데 지금 생각해보면 어리석었다고 생각한다. 자기들이 했던 일에 비하면 아무 것도 아닌데 어떻든 정보를 공유하지 않은 것은 같은 사무실 직원으로서 올바른 처사는 아니었다.

공직자는 신중해야 한다. 신중하면 실수를 덜 한다. 대체로 말을 적게 하면 신중해진다. 남의 얘기를 많이 들어주고 내 얘기를 적게 하면 실수를 적게 한다. 어떤 일을 판단할 때, 지난 해에는 어떻게 했지? 다른 부서에서는 어떻게 했지? 다른 나라에서는 어떻게 했지? 등등의 자기 질문을 던져야 한다. 그리고 거기에 답을 하다보면 실수 없는 대안이 만들어지게 된다. 결국 공직자가 신중해야 하는 이유는 백성들을 위한 것이다. 공문을 한 번 잘못 발송하면 엄청난 후속 조치가 필요하다. 같은 문건의 수정 공문을 보내면 권위가 떨어지기 때문에 공문 재발송도 금물이다. 최대한 신중하게 계획을 해서 다른 사람들이 그 계획에 대해서 더 이상 물어볼 필요가 없을 정도가 되어야 한다.

마지막으로 공직자는 근면해야 한다. 공직자는 특수한 전문직을 제외하고는 대부분 순환 보직된다. 대개 2-3년 주기로 다른 임무를 맡게 되는데 천재가 아닌 이상 1주일 안에 새로운 보직의 일을 완전히 다 알기란 어렵다. 부지런해야 업무의 간극을 메울 수 있다. 대단히 어려운 일이 주어지는 것은 아니더라도 기존의 문건을 보지 않으면 알 수 없는 일들이다. 그래도 다행스러운 것은 공공기관의 일들은 대부분 일년 주기로 반복된다. 그래서 일단 임지에 가면 문서접수철을 완전히 탐독해야 한다. 세부 내용을 주기별로 구분해서 파악하는 것도 필요하다. 이 일이 다 끝나고 나면 문서발송철을 탐독해야 한다. 접수철과 발송철을 다 보고 나면 사안별로 접수와 발송이 어떻게 이루어졌는지를 분석해야 한다. 여기서 중요한 것이 있는 접수는 안 되었는데 자체기획해서 발송한 것과 접수는 되었는데 내부 사정이 있어서 시행하지 않고 발송하지 않은 일들이 있을 수 있다. 이러한 일들을 꼼꼼하게 점검하면 일상적으로 처리해야 할 일들은 대부분 해결할 수가 있다.

이외에도 다양한 덕목이 필요하다. 창의성, 통찰력, 인내심, 친절, 공정성, 겸손함, 동료애, 절제력, 유머 등이 그 예들이다. 그 중에서 한 가지만 더 언급하고 싶은 것은 유머이다. 유머는 답답한 공직사회의 분위기를 부드럽게 해준다. 모두 경쟁 대상이기 때문에 공직사회는 삭막하다. 주변사람들을 편안하게 해주기 때문에 다음에 인사이동이 있을 때 선호하는 상급자들이 많아진다. 그렇게 되면 자연히 진출확률도 더 높아지게 된다. 내가 마음의 여유를 갖고 상대를 대하면 상대도 나에게 부담을 갖지 않는다. 업무협조를 하는 데도 이로운 점이 많다. 다만 때와 장소를 잘 가려가면서 유머를 해야 한다. 아니면 실없는 사람이 되기 쉽다.

77. **當官者**는 **必以暴怒爲戒**하여 **事有不可**어든 **當詳處之**면 **必無不中**이어니와 **若先暴怒**면 **只能自害**라 **豈能害人**이리오

당관자 필이폭노위계 사유불가 당상처지 필무부중 약선폭노 지능자해 기능해인

관직을 맡은 자는 반드시 갑자기 성내는 것을 경계하여, 일에 옳지 않음이 있거든 마땅히 자상하게 처리하면 반드시 맞지 않음이 없다. 만약 먼저 갑자기 화를 내면 단지 자신만 해로울 뿐이고 또한 어찌 남을 해칠 수 있으리오.

공직에 있는 사람의 업무처리 자세에 관한 내용이다. 화를 내는 것은 범부도 하는 일이니 일반적이라 하겠으나, 특히 공직에 있는 사람이 화를 내는 것은 대체로 참모형의 일을 많이 해본 관료의 경우가 많다. 작은 일을 고생해 가면서 업무처리를 해본 경험이 많을 경우 이런 우(愚)를 범하게 된다. 본인은 밤늦게까지 고생하면서 터득했는데 다른 부하직원들이 열심히 하지도 않고 계속해서 실수를 하게 되면 화를 내는 것이다.

이 대목은 개인적으로 공감하는 바가 많다. 나는 한글 타자 테스트 프로그램으로 속도를 재보면 800타 정도 나온다. 영문 타자는 600타 정도 되는 것 같다. 초등학교 적에는 주산도 제법 해서 1단 정도(실제 자격증은 2급이다. 주산학원의 자체시험에서 세 번 합격하면 승급·승단을 하게 되어 있다) 실력이

된다. 일반 사무실에서 필요한 기초실력을 두루 갖춘 셈이다. 이러한 개인 역량이 독이 되는 경우가 종종 있다. 내가 생각하는 작업 속도는 1시간만 하면 되는데 2시간이 걸려도 회답이 없을 경우 짜증이 난다. 똑 같은 실력을 갖추고 있더라도 지시를 받는 자는 의사소통의 차이로 인해 늦을 수밖에 없다. 그래서 부하직원이나 연구보조학생과의 사이가 좋지 않은 경우도 있었다. 당장 화를 내면 지금 하고 있는 일은 원하는 대로 해결할 수 있을지 모르지만 그 사람을 잃게 된다. 일은 망치더라도 사람을 잃어서는 안 된다.

결국 화를 내면 자기 자신에게 그 피해가 돌아온다는 사실을 명심해야 한다. 화를 내면 침이 마르고 그렇게 되면 음식이 맛이 없어지고, 일부러 침을 만들기 위해서는 물이나 술을 마셔야 하는데, 그렇게 되면 소화가 더 안 되거나 생활을 망치게 된다. 또 그 화를 듣게 되는 부하직원들도 짜증이 나서 다른 일도 제대로 못하게 되고, 그 피해는 결국 상관인 자신에게 그대로 돌아오게 된다. 따라서 화를 내는 순간 자기에게 그대로 돌아온다는 생각을 잊어서는 안 된다.

제14편 치가편(治家篇)과 청춘의 지혜

치가는 집안을 다스리는 일을 말한다. 가정과 관련되는 일은 규모는 작다고 할지라도 매우 다양하다. 부부 간의 관계, 자녀교육, 부모봉양, 손님접대 등 해야 할 일은 너무도 많다. 시대가 많이 변하여 오늘날에 그대로 적용되지 않는 것도 있지만 지혜롭게 해석하면 옛 선현들의 가르침은 버릴 것이 하나도 없다.

78. 凡使奴僕에 先念飢寒이니라

범사노복 선념기한

무릇 노비를 부릴 적에는 먼저 그들의 춥고 배고픔을 생각하라.

훌륭한 농사꾼은 논밭 일 하는 누렁이 황소에게 먹을거리를 잘 제공해준다. 그래야 힘든 쟁기질을 견뎌낼 수 있기 때문이다. 혹시라도 여름에 더위라도 먹는 날에는 값비싼 문어도 삶아서 준다고 한다. 초식 동물이라도 가끔 육식을 제공하면 힘이 솟는가보다. 비록 노비이기는 하나 같은 사람인데 그들도 똑같이 오욕칠정을 갖고 있으므로 내 식구처럼 잘 대해야 하는 것은 당연한 이치이다.

노비와 관련한 퇴계 이황 선생의 일화를 소개하고자 한다. 퇴계 선생은 나이가 들면서 큰 기쁨으로 삼은 것 중의 하나는 새로 태어나는 손자를 보는 것이었다. 손자가 태어나면 퇴계는 편지와 선물을 보내 축하하는 일을 잊지 않았다. 그런 퇴계였기에 증손자가 태어나자 그 기쁨은 더욱 컸다. 퇴계는 우리 집에 이보다 더한 경사는 없다며 기뻐했다. 그런데 증손자를 키워야 할 손부의 몸에서 젖이 잘 나지 않았다. 서울에서 생활을 하던 손부는 주위에서 유모를 구하려 했으나 뜻대로 되지 않았다. 마침 퇴계 집안의 여자 종 가운데서 아이를 낳은 사람이 있어 그녀를 서울로 올려 보내줄 것을 부탁해 왔다. 그러나 퇴계는 다음과 같은 편지를 보내 그 청을 거절했다. "들으니 해산한지 서너 달이 된 乳婢가 상경할 준비를 하고 있다고 한다. 어찌 이럴 수가 있나. 갓난애를 두고 어미가 올라가면 이 애를 죽이고 만다. 내 자식 키우기 위해 어떻게 남의 자식을 죽인단 말인가. 있을 수 없는 일이다. 서울에도 유비는 있을 것이다. 대여섯 달만 지나면 이 아이도 충분히 키울 수 있으니 그 때까지 기다려라. 기어코 올려 보내라고 한다면 아기를 데리고 올라가게 하마. 도저히 아기를 떼어놓고는 가지 못하게 할 것이다. 어진 사람은 차마 할 수 없는 일이 아닌가. 미안하나 너희들이 잘 요량해서 처리하기 바란다." 퇴계의 고집으로 증손자는 하는 수 없이 암죽을 먹고 자라야만 했다. 그러나 암죽이 어찌 모유만 하겠는가. 젖을 먹지 못한 아기는 건강하게 자라지 못했다. 그리고 아기는 두 돌이 지난 지 얼마 되지 않아 그만 죽고 말았다. 증조 할아버지 퇴계는 그 슬픔을 내색하지 않으려 애를 썼지만 오히려 그 모습이 보는 사람으로 하여금 마음을 저리게 했다. 그런데 당시로 보면 손부가 여종을 유모로 올려보내 달라고 부탁한 것은 전혀 이상한 일이 아니었다. 오히려 이를 거절한 퇴계의 행동이 이상한 것이었다. 그 때의 노비는 논밭처럼 사고 팔 수 있는 일종의 재물과 같은 것이었다. 그리고 양반의 아낙네들이 젖이 적을 경우 여자 종의 젖으로만 키우는 일이 관행처럼 행해지고 있었다. 이러한 사실들을 보면 퇴계가 신분의 높고 낮음을 가리지 않고 사람을 사랑하는 마음이 얼마나 깊었는가를 잘 알 수 있다.[39]

그런데 오늘날에는 우리 사회 어디에도 노비는 없다. 맞는 말이다. 하지만 용어상으로 보면 그렇지만 실제 하는 역할로 보면 여전히 존재한다. 이른바 3차 산업인 서비스업에 종사하는 사람들이 그런 역할을 하고 있는 것이다. 교수, 은행원, 영화관 매표원, 고속터미널 매표원, 테니스 코치, 편의점 직원 등 이루 헤아릴 수 없이 많다. 심지어 직업 간의 관계로 놓고 보면 그러한 직업의 사업장을 맡은 관리자도 다른 직업을 가진 사람들에게 그런 역할을 하고 있는 것이다. 직접 농사를 짓지 않고도 생계를 유지하는 사람은 모두 과거로 치면 자진해서 봉사하고 그 대가로 반대급부를 받게 되는 셈이다.

우선 한 서비스업 내에서 보면, 주인 된 사람은 직원의 기초생계가 어떻게 되는지 항상 관심을 가져야 한다. 그 직원의 영양상태가 좋게 생활여건이 좋아야 내 사업도 자연히 잘 될 것이다. 얼마 전에 편의점 주인이 아르바이트 하는 학생에게 밀

---

39) 국제퇴계학회, 『퇴계선생3』, 정각당, 2000.12., http://blog. joins .com/bsjh2/9481965 재인용, 2015.9. 22. 검색. 다음의 주소에도 관련 기사가 있음. http://cafe.daum.net/dosanyewon/5uft/11?q=%C5%F0%B0%E8%20%B3%EB%BA%F1%20%BB%E7%B6%FB&re=1, 2015.9.22. 검색.

린 임금을 10원짜리 동전으로 전달했다는 내용이 뉴스에 나온 적이 있다. 소위 꼴불견의 '갑질'인 셈이다. 제때 임금을 주지 못한 자신의 죄는 생각하지 않고 밀린 임금 빨리 달라고 하는 아르바이트 학생의 태도를 문제 삼다니 참으로 한심한 작태이다.

그리고 직업 간의 관계에 있어서의 잊지 말아야 할 것이 있다. 흔히 외식하러 갈 때 직원의 서비스를 받게 된다. 셀프 서비스 하는 곳도 있지만 아직도 여전히 보통의 식당에 가보면 직원들이 물컵, 물통, 손수건 등을 제공해준다. 그들의 서비스에 항상 고마운 마음을 가져야 한다. 행동 하나 하나에 고맙다는 말을 해도 지나치지 않는다. 나갈 때도 고맙다고 말하는 것이 좋다. 대개의 경우 여자들이 그런 일을 많이 하기 때문에 한동안 '언니'라는 호칭이 많았었는데, 요즈음은 '이모'라고 부른다. 참 이름 잘 지었다고 생각한다. 듣는 종업원도 기분 나쁘지 않을 것이다. 대부분의 서양에서는 그냥 Mr., Mrs., Miss 등 성별의 특징에 따라 호칭하고 만다. 중국어로는 푸우웬(服務員)이라고 하는데, 강한 의무감을 느끼게 하기 때문에 우리말의 어감상으로는 다소 자연스럽지 않다.

79. 子孝雙親樂이요 家和萬事成이니라

자효쌍친락 가화만사성

자식이 효도하면 부모가 즐겁고, 집안이 화목하면 만사가 잘 된다.

효도에는 여러 가지가 있다. 물질적인 봉양에서부터 입신양명에 이르기까지 다양하다. 대개의 경우 물질적인 봉양보다는 입신양명에 더 큰 기대를 거는 것이 부모들의 생각이다. 그런데 요즈음 부모들이 더 안달이다. 자식들을 강요해서라도 나에게 맞는 효도를 받겠다는 심사다. 아니 어쩌면 자신의 허장성세를 다른 사람에게 드러내기 위해 자식을 이용하는 것인지도 모르겠다. 일부 부모들은 자식들의 출세를 위해서라면 갖은 일을 마다하지 않는다. 최근 한 보도에 의하면, 한 몰지각한 아버지가 그것도 의사인 아버지가 고등학생 아들을 자신이 전공하고 있는 고도의 전문지식이 요구되는 의학 저널에 제1저자로 이름을 올렸다고 한다. 그 아버지의 인터뷰 내용 또한 가관이다. 마땅히 올릴만한 실력이 되고 심지어 자신이 소속된 국립기관에 채용될 만한 실력을 갖추었다고 한다. 타이핑 정도야 도와줄 수 있었을 것이다. 마침 그 아들이 미국의 고등학교를 다니고 있다고 하니, 미국 대학에 입학하기 위한 스펙 쌓기 아니겠는가 하는 것이 보통 사람들의 추측이다. 그렇게 해서 대학에 간들 무슨 대단한 일을 해내겠는가? 그 부모가 바라는 좋은 직장에 들어간다고 하더라도 하루하루의 삶이 행복하겠는가? 먼 훗날을 보지 않아도 불을 보듯 뻔한 얘기다.

한편 우리나라 어머니들의 끔찍한 자식 사랑도 빠지질 않는다. 심지어 '헬리콥터 맘'이라는 신종어까지 등장했다.[40] 초등학교 때부터 온갖 종류의 레슨을 다 받게 하고, 심지어 고등학교 들어가는 선행학습 과외까지 받게 한다고 한다. 심지어 줄넘기 과외도 있다고 한다. 학교에서 요구하는 것이 줄넘기 얼마나 많이 하는가 아니면 2단 뛰기를 몇 번 할 수 있는가 정도일 것이다. 그것 배운다고 과외를 받게 되면 나머지는 더 이상 듣지 않아도 족히 알 수 있을 것이다. 이렇게 해서 고등학교 마치고 나면 대학교 가서도 과외를 받게 된다. 탄력이 붙은 습관은 쉽게 끊을 수가 없다. 직장을 가기 위해서는 거기에 필요한 자격시험들을 봐야하기 때문이다. 정상적인 학교공부로도 충분한 공부를 과외로 시작해서 과외로 끝을 보려 한다. 그런데 우여곡절 끝에 직장에 들어가게 되면 이제 신입사원 MT부터 각종 회사원들의 저녁 회식까지 뒷바라지를 한다는 거다. 그러다가 결혼하게 되면 그 배우자가 있는데도 불구하고

40) 이 말은 헬리콥터처럼 자녀의 주위를 맴돌며 챙겨주는 엄마를 지칭한다. "헬리콥터 맘", 『Daum 백과사전』, 2015.9.22. 검색.

지나친 관심은 끝이 없게 된다. 결국에는 그 자녀의 가정까지 파탄내고 말 것이다.

무엇보다도 집안이 잘 되려면 가족들이 화목하게 지내야 한다. 아주 오래 전에 초등학교 다닐 적에 어떤 교과서에 나왔던 얘기로 기억된다. 어느 날 아버지가 온 가족이 듣는 데서 체육복 바지가 5cm 길다고 말을 했는데, 저녁에 퇴근해서 집에 돌아와서 보니 15cm가 줄여져 있는 것이었다. 처음 5cm는 아내가 줄였고, 두 번째 5cm는 맏딸이 줄였고, 세 번째 5cm는 둘째 딸이 줄였던 것이다. 하지만 가정에는 가족을 서로 사랑하는 화목함이 있었다. 비록 바지 하나는 제대로 사용할 수 없게 되었더라도 가족 간의 사랑과 화목함은 재삼 확인할 수 있었을 것이다.

하지만 이 바지 자르기의 이면에 담긴 더 깊은 얘기는 다른 기회에 좀 더 나누기로 해야겠다. 왜냐하면 도덕성이란 어떤 행위 하나를 했느냐 하지 않았느냐에 따라서 1회적으로 결정될 일이 아니기 때문이다. 그럼에도 불구하고 이 예화가 알려주는 외형적인 화목함의 메시지는 그대로 느낄 필요가 있다.

80. 文仲子曰 婚娶而論財는 夷虜之道也니라

문중자왈 혼취이론재 이노지도야

문중자(文仲子)[41]가 말하였다. 혼인하고 장가드는 데 재물을 논하는 것은 오랑캐의 도리이다.

혼인은 한 집안과 또 다른 한 집안 간의 문화가 서로 만나는 것이다. 그리하여 전혀 새로운 문화가 만들어지는 것이다. 그런데 이렇게 중대한 문화적 만남 앞에서 그 만남의 조건이 재물이 될 경우, 이후 새롭게 태어나는 문화와 그 주인공들의 앞날도 재물에 눈이 어두울 수밖에 없다. 간혹 문명권마다 생존의 중요한 방편으로 지참금을 요구하기도 한다. 예컨대 노동력이 모자라는 부족에서는 데릴 사위를 불러서 몇 년간 일을 거들게 하고 딸을 시집보내는 전통이 있는가 하면 형이 죽었을 경우 형수를 동생이 더불어 같이 사는 형사취수제도(兄死娶嫂制)의 전통도 있다.[42] 데릴 사위의 경우 낭만도 있다. 김

---

41) 문중자(580~617)는 王通을 말한다. 河東郡 龍門縣 通化鎮 사람으로 자는 仲淹이고, 호는 文中子이다. 隋나라의 교육가, 사상가이다. 어려서부터 『三字經』, 『五經』 등을 읽고, 도가의 老莊사상에도 능통하였다. "문중자", 『네이버 지식백과』, 2015.9.22. 검색.

42) 형사취수제란 남자의 경우 형이 죽은 뒤 동생이 형을 대신해 형수와 부부생활을 계속하는 혼인풍습이다. 형사취수혼(兄死娶嫂婚)이라고도 한다. 우리 역사에서는 고구려(高句麗)의 사례가 널리 알려져 있으며, 이밖에 부여(夫餘)·흉노(匈奴)·선비(鮮卑) 등에서도 이런 풍

유정의 단편소설 『봄봄』에 나오는 데릴사위는 노동력 보완 측면도 있지만 처가의 가풍을 이해하고 신부가 편안한 가운데 신랑을 맞이할 수 있도록 해주기도 한다.

요즈음의 결혼 백태를 보면 한심한 예들이 많다. 좋은 직장에 다니고 있거나 아주 어려운 시험에 합격만 해도 열쇠 몇 개를 요구할 수 있다는 얘기도 있다. 대강의 조건이 맞아서 결혼을 해도 추후에 양가 부모들이 혼수에 대해 마음이 맞지 않으면 파혼하는 경우도 왕왕 있다.

이와 같이 혼수로 빚어진 일들은 부모나 자식이나 할 것 없이 자식의 결혼을 빌미로 한 몫 챙기겠다는 심사가 그대로 표출된 것이다. 이러한 야비한 생각을 하는 사람이 있기 때문에 결혼 사기도 생기는 것이다. 자신의 있는 모습을 그대로 얘기하고 양해를 구해야 한다. 최초에는 그냥 넘어간다고 하더라도 나중에 부부간이나 양가 부모들이 무언가 속임이 있다는 것을 알게 된다면 더 큰 일이 일어날 것이다.

습이 있었다고 한다. 근·현대까지 형사취수혼을 유지한 사회로는 시베리아의 척치(Chukchee)족이 유명한데, 인류학자들은 대체로 죽은 사람의 부인과 남은 자녀를 돌보기 위한 방편으로 이해한다. "형사취수제", 『네이버 지식백과』, 2015.9.22. 검색.

제15편 안의편(安義篇)과 청춘의 지혜

안의란 의리를 편안히 여긴다는 말이다. 의로운 삶을 산다는 뜻도 될 것이다. 관련되는 말로는 대의명분도 있다. 큰 뜻과 목적에 부합되게 일을 한다는 뜻이다. 오늘날에는 공정성의 의미로 정의라는 말을 자주 사용하는데, 이 말도 의(義)와 관련된다. 의로움 중에서도 가장 반듯한 것을 정의라 할 수 있을 듯하다.

81. 顔氏家訓曰 夫有人民而後에 有夫婦하고 有夫婦而後에 有父子하고 有父子而後에 有兄弟하니 一家之親은 此三者而已矣라 自玆以往으로 至于九族히 皆本於三親焉이라 故로 於人倫에 爲重也니 不可不篤이니라

안씨가훈왈 부유인민이후 유부부 유부부이후 유부자 유부자이후 유형제 일가지친 차삼자이기의 자자이왕 지우구족 개본어삼친언고 어인륜 위중야 불가부독

『顔氏家訓』43)에 말하였다. 각 개인이 있은 뒤에 부부가 있고 부부가 있은 뒤에 부자가 있고 부자가 있은 뒤에 형

43) 『顔氏家訓』은 北齊 黃門侍郎 顔之推(520-590)가 편찬한 것이라고 되어 있다. 즉, 안지추가 북제에 벼슬한 뒤에 집필한 것이다. 그러나 본문에서 수(隋)나라 '개황(開皇)' 연호를 사용하고, 그 무렵의 글자를 피휘(避諱)한 것 등을 통해 볼 때, 이 책은 빨라도 안지추가 사망한 무렵인 수나라 개황 연간에 완성되었을 가능성이 높다. 안지추는 남조(南朝) 양(梁)나라 말기 서위(西魏)의 침입으로 북방으로 옮아가 오랜 세월 다양한 문화를 경험하면서 깨달은 여러 가지 교훈을 이 책을 통해 자손 대대로 전하고자 했다. 따라서 본문 속에는 자식을 어떻게 가르쳐야 하고 형제끼리는 어떻게 지내야 하며, 후처(後妻)에 관한 문제를 비롯해 자기 집안의 크고 작은 일들을 어떻게 다스려야 하는지에 대해서 아주 자상하게 서술되어 있다. 또한 어떠한 성현을 어떻게 본받아야 하며, 무엇을 어떻게 배워야 하는지에 대해서도 기술했을 뿐 아니라, 관직에 나아가서는 어떠한 자세로 직무에 임해야 하며, 한가할 때에는 어떠한 마음가짐으로 살아야 하는지에 대해서도 허심탄회하게 술회하고 있다. "안씨가훈", 『네이버 지식백과』, 2015.9. 22.

제가 있으니, 한 집안의 친족(親族)은 이 세 가지뿐이다. 이로부터 나아가 구족(九族)[44]에 이르기까지 모두 이 삼친(三親: 부부, 부자, 형제)에 근본하였다. 그러므로 인륜에 있어 가장 중요한 것이니, 돈독하게 하지 않은 수 없느니라.

부부, 부자, 형제의 삼친은 유교에서 촌수 계산의 첫 출발점이다. 흔히 우리가 어렸을 적에 "엄마가 좋아 아빠가 좋아"라고 묻거나 "할아버지가 좋아 아버지가 좋아"라고 묻는 것은 이러한 촌수에 대한 개념을 명확히 해주기 위해서였다. 꼬마는 당황할 수밖에 없다. 자기를 귀여워해주는 것으로 치자면 할머니가 더 좋은 것 같고, 매일 챙겨주는 것으로 치자면 엄가가 더 좋은 것 같기도 하다. 초등학교 고학년 정도 되면 이러

44) 구족이란 중요한 관계에 있다고 분류된 아홉 범주의 친족을 아울러 일컫는 말이다. 구족의 범위에 구체적으로 어떤 사람들이 포함되는지에 대해서는 두 가지 설이 있다. 하나는 고조로부터 증조·할아버지·아버지·자기·아들·손자·증손·현손까지의 직계친을 중심으로 하여 방계친으로 고조의 4대손 되는 형제·종형제·재종형제·삼종형제를 포함하는 동종(同宗)의 친족을 가리킨다. 이 설을 고문가설(古文家說)이라고 하며, 이에 따른 구족을 구속(九屬)이라고도 한다. 다른 하나는 동성인 부계친족 뿐 아니라 이성(異姓)인 모계친족과 처계친족을 포함시키는 설로서, 이 경우의 구족은 부족(父族) 넷, 모족(母族) 셋, 처족(妻族) 둘을 일컫는다. 이 설을 금문가설(今文家說)이라고 한다. 금문가설은 부족 넷, 모족 셋, 처족 둘이 구체적으로 누구를 가리키는가에 따라서 또 세분된다. "구족", 『네이버 지식백과』, 2015.9.22. 검색.

한 질문에 답변할 궁리가 생기게 된다.

그런데 중학교 이상 올라가면 수업시간에 “입영날짜 임박해서 대한민국 국적 포기하고 간 가수 ○○○와 우리나라가 좋아서 귀화한 성남일화의 살아있는 축구 골키퍼의 전설 샤리체프와 둘이서 물에 떠내려가면 누구를 먼저 건져줄 것인가?”와 같은 딜레마 형태의 질문을 많이 듣게 된다. 문화중심의 민족주의와 인종중심의 민족주의의 선호도 간의 차이를 물어보는 것이다.

우리 사회가 한층 더 성숙되기 위해서는 인종중심의 민족주의에서 벗어나서 문화중심의 민족주의로 나아갈 수 있도록 준비해야 한다. 그동안 우리는 피로 맺은 운명적인 가족만을 생각했지만 이제 결손 가정의 재결합에 의해 맺어지는 성이 다른 가족도 새롭게 만들어지고 있다. 그때는 피가 중심이 아니라고 운명적으로 새롭게 구성된 가족관계에 의해 형성된 삼친을 강조해야 할 것이다.

이러한 생각을 하지 않을 경우, 다문화 사회의 복잡한 관계속에서 한 나라의 최고 수준이 덕목이라고 할 수 있는 애국심을 고양하기 위한 어떠한 요구도 수용할 수 없게 된다.

82. 蘇東坡云 富不親兮貧不疎는 此是人間大丈夫요 富則進兮貧則退는 此是人間眞小輩니라

소동파운 부불친혜빈불소 차시인간대장부 부즉진혜빈즉퇴 차시인간진소배

소동파(蘇東坡)가 말하기를, 부유하다는 이유만으로 친하게 지내지 않고 가난하다는 이유만으로 소원하게 지내지 않는 것이 바로 대장부요, 부유하면 나아가고 가난하면 물러가는 것은 곧 소인배이다.

대인관계에서 일어나는 일이다. 통상 부유한 사람 주변에 사람이 많이 있다. 밥을 사더라도 부유한 사람이 한 번이라도 더 살 것이기 때문이다. 한편 가난한 사람하고 같이 있으면 손해다. 왜냐하면 내가 한 끼라도 더 사야하기 때문이다. 이런 생각이 전형적인 소인배의 생각이다.

그런데 부자는 대개 자신의 처신을 바르게 했기 때문에 하늘이 그 복을 내린 것이다. 그러니 자연히 그 사람 옆에 있으면 배울 게 많다. 다만 한 끼 밥이라도 얻어먹을 궁리라면 그게 잘못되었다는 것이다. 좋은 것을 가까이 하면 자기도 좋아진다. 운동을 할 때도 마찬가지이다. 잘 하는 사람과 같이 하면 잘 안 되는 기술도 그날따라 왠지 잘 된다. 그것은 바로 그 잘 하는 사람과 같이 있다는 이유 때문이다.

부유한 사람과 같이 있어도 된다. 하지만 그 부유한 사람이 가진 부를 생각해서 가까이 하는 것이 아니라 부유하게 되기까지에 이르는 제반 덕성을 배우기 위해 가까이 해야 하는 것이다. 마찬가지로 가난한 사람을 멀리 해야 할 하등의 이유가 없다. 입고 있는 옷에서 냄새가 나지 않는 한 멀리 할 이유는 없다. 다만 그 사람의 하는 행실이 고약하다면 멀리 할 수 있다. 그 사람이 가진 것이 없다고 해서 멀리해서는 안 되는 것이다.

혹자는 재산을 많이 가지면 좋은 점만 있을 것이라고 생각한다. 더 많은 고민이 생긴다. 혹시나 이자가 제 때 나오지 않을까 은행이 파산되지는 않을까 걱정해야 할 일이 태산과 같다. 가장 좋은 길은 가진 재산이 많지 않아도 같이 있으려는 친구가 늘 곁에 있는 것이다. 그런 친구가 세 명만 있으면 인생 잘 살았다고 할 수 있다.

제16편 준례편(遵禮篇)과 청춘의 지혜

준례란 예법을 잘 지키는 것을 말한다. 예법은 예에 관련된 법이다. 세금과 관련된 법은 세법이라고 하고 형의 집행에 대한 법은 형법이라고 하는 것과 마찬가지 원리이다.

예법은 간단한 인사에서부터 국가가 주도하는 제례에 이르기까지 다양하다. 법이 되기까지는 많은 사람들의 시행착오가 전제된 것이다. 법은 어느 날 어떤 사람이 나타나서 이것이 법이니 그대로 따르라고 해서 만들어 진 것이 아니다. 만에 하나 그럴 경우에라도 오랫동안 그 집행의 지나침과 모자람이 반영되어 전승된 것이 법이다. 예법도 이전 시대의 많은 사람들의 지나침과 모자람에 대한 평가가 반영되어 오늘에 전승된 것이다. 그것을 준수한다는 것은 단순히 해당 조항을 지킨다는 것에 지나지 않는 것이 아니다. 전통과 과거의 경험에 대한 고마움이 전제되어야 하고, 또 미래 세대를 위해 기여하겠다는 각오까지 포함되어야 한다.

83. 子曰 居家有禮故로 長幼辨하고 閨門有禮故로 三族和하고 朝廷有禮故로 官爵序하고 田獵有禮故로 戎事閑하고 軍旅有禮故로 武功成이니라

자왈 거가유례고 장유변 규문유례고 삼족화 조정유례고 관작서 전렵유례고 융사한 군려유례고 무공성

공자가 말했다. 집안에 거처함에 예법이 있으면 어른과 어린이가 분별되고, 아녀자의 규방에 예법이 있으면 삼족(三族)이 화목하고, 조정(朝廷)에 예법이 있으면 관작의 차례가 있고, 사냥하는데 예법이 있으면 외적의 침략을 막아낼 수 있고, 군대에 예법이 있으면 무공이 있게 된다.

유학의 중대한 가르침은 분별력이다. 어른과 아이의 분별, 남녀의 분별, 친족과 남의 분별 등 다양한 종류를 분별하는 것이다. 가정 내에서 어른과 어린이의 분별은 그러한 분별력의 가장 기초적인 것이다.

아녀자가 거처하는 규방에 예법이 있으면, 친족, 외족, 처족을 포함한 삼족의 관계가 원만해진다. 대강의 관계 설정은 남자들이 하겠지만 삼족 간의 관계맺음은 세심한 관심이 필요하다. TV에서 사극을 볼 때, 내명부(內命婦)의 기강을 바로잡겠다는 왕비와 후궁들, 그리고 거기에 협잡하는 다양한 권문세가(權門勢家)들의 권력에 줄서기는 주로 등장하는 단골 메뉴이

다. 비단 왕궁이 아니라 하더라도 여염집에서도 이와 비슷한 일은 늘 있다. 이때 부인의 기준이 명확히 서 있으면 다른 친인척들과의 대소사를 처리함에 있어서 흐트러짐 없이 질서가 서게 되어 있다. 원칙이 없이 왔다 갔다 한다거나 여기저기에 말을 옮긴다거나 하는 행동을 하게 되면 그 집안은 망하게 되어 있다.

조정에 예법이 있으면 관작의 높낮이의 구분이 있다. 조선시대의 경우 18개의 품계가 있었는데, 이는 이러한 관직의 구분 예이다. 관직의 품계를 구분한다는 것은 일의 중요도를 구분하는 것이고 이것은 곧 능력에 따라 일을 나눠서 한다는 의미도 있다. 오늘날 공무원들 중에는 간혹 이와 같은 공직의 예법을 도외시하는 경우가 있다. 예컨대 3선 국회의원의 경우 장관급의 의전서열인데, 광역자치시도 아닌 일반 도(道)에 도지사에 출마하는 경우가 있다. 실제로 그렇게 해서 당선된 경우도 몇 있다. 도지사는 차관급 자리이다. 자신의 정치적 비전을 구현해보겠다는 강한 의지가 앞서기 때문에 그런 시도가 시작되었을 것이다. 그런데 사석에서는 과거의 자신의 의전서열을 공공연하게 강조하는 경우가 있다. 큰 문제라고 본다. 만약 낮춰서 출마해서 당선되었다면 그 직분에 맞는 처신을 해야 할 것이다.

또한 연공서열을 잘 모르는 경우도 있다. 특히 국립대학의 교수들에 해당된다. 많은 사전 공직경력을 쌓고 상대적으로 늦게 교수로 임용되면 단지 늦게 임용되었다는 이유로 부하 취급하는 경우가 있다. 직급이 우선이고, 직급이 같다면 호봉이 높은 자가 선임이다.

직책이 우선하는 경우도 있다. 예컨대 돌아가면서 순화 보직되는 학과장이라고 하더라도 그 자리는 학과를 대표하는 직책이다. 따라서 더 높은 직급의 다른 교수들도 그 권위를 인정해줘야 한다. 정년퇴임할 무렵 되면 어떤 사람은 훈장을 받게 되고 어떤 사람은 포장을 받게 되고, 어떤 사람은 표창을 받게 되는지를 알 수 있다. 같은 훈장이라도 공직 복무 연수에 따라 등급이 달리 부여된다. 대학의 교수일 경우, 근정훈장45)이 수여되는데, 예외적으로 총장일 경우 직급과 관계없이 직책 자

45) 근정훈장에는 다섯 종류가 있다. 그 요건 소개. 공무원으로서 그 맡은 바 직무에 정려(精勵)하여 공적이 뚜렷한 자에게 수여하는 훈장이다. 근정훈장은 1952년 1월 15일에 신설된 것으로 당시에는 4등급으로 나누어져 있었다.1등급인 청조소성훈장(靑條素星勳章), 2등급인 황조소성훈장(黃條素星勳章), 3등급인 홍조소성훈장(紅條素星勳章), 4등급인 녹조소성훈장(綠條素星勳章)이었다. 이처럼 4등급으로 구분된 근정훈장은 1963년 12월 14일 다시 5등급으로 등급 조정이 되면서 5등급에 옥조소성훈장(玉條素星勳章)이 신설, 추가되었다. 1967년 2월 28일에는 근정훈장의 등급별 명칭이 변경되어 오늘에 이르고 있다. 1등급은 청조근정훈장, 2등급은 황조근정훈장, 3등급은 홍조근정훈장, 4등급은 녹조근정훈장, 5등급은 옥조근정훈장이다. “근정훈장”, 『네이버 지식백과』, http:// terms.naver.com/entry.nhn?docId=550633&cid=46625&categoryId=46625, 2017.9.19. 검색.

체만으로 청조근정훈장을 수여받게 된다.

사냥하는 데 예법이 있으면 적이 공격해 와도 능히 물리칠 수가 있다. 초기의 사냥은 생계를 위해서 하는 것이었지만, 국가의 체계가 잡히고 난 뒤에 국가 행사로서의 사냥은 전쟁예행연습을 의미한다. 사냥을 할 때는 기본적으로 몰이조와 습격조로 구분한다. 이것은 실제 전쟁에서의 역할과 흡사하다. 몰이조가 사냥감을 외곽으로 유인해서 몰아오면, 습격조는 결정적인 순간에 가격하는 것이다.

군대에 예법이 있으면 군인들이 무공을 세울 것이다. 군대에서의 예법은 상관에게 복종하고, 일단 유사시에 자신의 임무를 완수하는 것이다. 여기서 강조되는 예법은 공을 세웠을 때 그 평가를 정확하게 하느냐에 관한 것이다. 목숨을 바쳐서 공을 세웠는데 다른 사람에게 표창을 추천해버린다면 다음부터는 누구도 충성하지 않을 것이다.

옛날 군복무 시절의 얘기 두 가지만 하겠다. 하나는 최전방 철책선에서 근무하던 시절의 얘기다. 내가 근무하던 대대 관할지역으로 북한군 1명이 귀순해온 일이 있었다. 사실 GOP에서 귀순자를 잘못 유도하면 처벌을 받게 된다. 규정에 따라 잘 처리해야 한다. 몇 년 전에는 '노크 귀순'의 문제로 해당 사단장까지 해임된 일이 있었다. 귀순 북한군이 노크 할 때까지 아무도 경계를 제대로 한 사람이 없었던 것이다. 하여간 당시 우리 대대에서는 작전을 잘 한 경우에 해당되어 난리가 났다. 많은 사람들이 표창을 받게 되었다. 해당 통문장과 중대장, 그 지역관할 중대장과 관할 소대장까지 받게 되었다. 대대본부에서도 많은 사람이 받게 되었다. 당일 나는 근무조가 아니어서 표창과는 거리가 있었다. 그렇다고 아무 공을 세우지 않을 것은 아니었지만 그 상황에서 정훈장교가 역할을 했다고 해서 무슨 큰 공을 세웠을까 싶다. 그런데 상황발생 소대의 인접도 아닌 조금 떨어진 소대의 소대장도 표창을 받게 된 것이다. 경계지원을 했다는 공이었다. 당시 상황조치를 잘 한 상황병도 2명이나 있었는데 정확하지는 않지만 그들은 못 받았던 것으로 기억된다. 나중에 알고 보니 그 소대장이 대대장과 작전장교의 군의 출신후배였던 것이다. 이것은 예법에 벗어난 것이다. 이런 경우가 많이 쌓이게 되면 다른 많은 장병들의 사기는 떨어지게 되고 그 지휘관에게 충성하지 않게 되는 것이다.

또 한 가지 예이다. 어떤 군의 특정 병과에서 일어난 일이다. 군에서는 위탁교육 제도라는 것이 있다. 군 내부에서 교육하는 데는 제한이 있기 때문에 석사, 박사과정을 국내의 대학원이나 외국의 대학원에 위탁해서 교육받게 하는 것이다. 이런 제도를 이용해서 기한 내에 학위를 받지 못하면 인사상 불이익이 주어지는 것은 당연하다. 왜냐하면 국민의 세금으로 야전에서 고생하지 않고 그 기간만큼 교육받을 수 있도록 혜택을 주는 것이 때문이다. 그런데 마침 어떤 군에 그런 사람이 있었다. 박사과정을 다녔는데 학위를 제때 받지 못하게 된 것이다. 그런데 공교롭게도 당해에 진급심사가 있었다. 진급발표가 났는데 나는 깜짝 놀랐다. 무난하게 야전생활도 잘 하면서 자비로 군 관련 주제로 논문을 써서 박사학위논문을 받았던 다른 후보자를 제치고 위탁교육에서 제때 학위를 받지 못한 사람이 선발된 것이다. 사실 군에서 위탁교육은 공부하라는 명령을 수행한 것이었고, 제때 학위 못한 것은 직무태만에 해당된다. 처벌받아야 마땅한 사람을 비교우위에 있는 다른 사람이 있는 데도 불구하고 진급시킨 것이다. 이와 같은 일이 있는 한 군은 발전이 없다.

84. 子曰 君子有勇而無禮면 爲亂하고 小人有勇而無禮면 爲盜니라

자왈 군자유용이무례 위란 소인유용이무례 위도

공자가 말했다. 군자가 용맹만 있고 예가 없으면 난리를 일으키고, 소인이 용맹만 있고 예가 없으면 도둑질을 일삼는다.

군자는 덕이 있는 사람이다. 덕은 인간다움을 가리킨다. 인간다움에는 많은 것들이 있는데, 자식된 자는 부모에 대한 덕을, 부모된 자는 자식에 대한 덕을, 부부간에는 서로에 대한 덕을, 신하된 자는 임금에 대한 덕을 갖추어야 한다. 결코 쉽지 않다. 그런데 그러한 예를 모르고서 자신의 용맹만을 앞세우는 사람은 이치에 따라 일을 처리하지 않고 자신의 성정대로 일을 도모하고 만다.

예는 없고 용맹만 있으면 기실 군자도 아니다. 한 때 좋은 덕을 쌓아 평판이 좋은 사람도 예법을 따르지 않고 자신의 용맹을 과신하는 사람은 혁명을 도모하게 된다. 예를 지키면서 사는 일이란 사실 까다롭다. 하지만 예를 제대로 알지 못했기 때문에 까다롭게 느껴진 것일 게다.

천재기사 이창호 9단이 한 인터뷰에서, "일단 정석을 다 외우고, 그리고 다 잊어버려야 한다"고 했다. 기존의 정석을 다 외워야 하는 것은 과거의 경험을 체험하는 것이다. 왜 이러한 방법이 나왔을까를 살피는 것은 앞으로의 나의 실수를 최소화시키는 첩경이다. 그리고 다 잊어버려야 하는 것은 자신이 벌써 최고수위에 이르렀기 때문에 그 정석을 아는 눈으로 길을 가면 그 길이 바로 새로운 정석을 만드는 길이기 때문일 것이다.

내가 따라야 할 예법은 항상 피곤한 존재이다. 나의 행동을 얽어매고 성가시게 하기 때문이다. 그러나 자발적으로 기꺼이 받아들이고 나의 생활에 그대로 적용하면서 살아가게 되면 예법은 결코 걸림돌이 아닐 것이다.

85. 出門에 如見大賓하고 入室에 如有人이니라

출문여견대빈 입실여유인

문을 나갈 때에는 큰 손님을 뵙듯이 하고, 방으로 들어올 때에는 사람이 있는 듯이 하라.

언제 어디서나 예를 갖추라는 가르침이다. 문밖에 나가면 집안에서 대하는 사람들보다 일단 숫자상으로만 봐도 너무 많은 사람들을 만나게 된다. 그들 모두가 나를 평가하는 사람들이다. 아무리 하찮은 존재일지라도 그들이 보는 눈은 그 수준에서 가장 정확하다. 지위가 낮은 사람일지라도 마찬가지이다. 그런 사람들을 큰 손님을 뵙는 것처럼 삼가서 대한다면 실수하지 않을 것이다. 그러나 너무 지나치게 공손한 언행을 하게 되면 생활인으로서 자신의 처신을 그때 그때 못하는 단점도 있기 때문에 신중을 기해서 하기는 하되 속도와 정도를 동시에 잘 조절해서 해야 한다. 그리고 방안에 들었을 때에는 이미 방안에 누군가가 있는 것처럼 행동해야 한다. 아무도 없으니깐 속옷까지 다 벗어버리거나 아무렇게나 말하거나 하는 것은 절대 금물이다. 왜냐하면 모든 일은 두 번 이상하게 되면 습관이 되기 때문에 언젠가는 불특정한 시점에 불특정한 장소에서 혼자 하던 잘못된 버릇이 돌발적으로 나타나기 때문이다.

86. 若要人重我인댄 無過我重人이니라

약요인중아 무과아중인

만약 남이 나를 중하게 여겨주기를 바란다면 내가 남을 중히 여기는 것을 소홀히 하지 말라.

존경받으려면 네가 먼저 존경해라. 이와 같은 준칙은 동서고금의 모든 문명권의 가르침에 공통적으로 나타난다. 모든 사람들이 황금을 소중히 여기므로 그 이름을 따서 황금률(golden rule)이라고 일컫는다. 존경받고 싶어서 먼저 존경하는 것이 맞기는 하지만 이미 이것이 예법으로 정해졌기 때문에 일단 그렇게 먼저 하고 보는 것이 좋다.

예전에 대학 다닐 적 일이다. 편도 차를 세 번이나 갈아타면서 경남 고성에서부터 진주까지 통학을 했다. 처음에는 빨간 줄이 있는 완행 버스를 타고 읍내까지 갔다가 다시 고성읍내에서 사천읍내까지는 녹색 줄이 있는 직행 버스로 타고, 그리고 사천읍내에서 가좌동에 위치한 학교까지 가기 위해서는 다시 완행 버스를 타야 했다. 진주 인접한 시군의 학생들은 대부분 그렇게 학교를 다녔다. 워낙 많았기 때문에 제대로 자리에 앉아서 가는 날이 별로 없었던 갔다. 그리고 학교 가지 않던 날에는 가축들을 돌보면서 고등학교 때 진주로 유학 갔다가 제대로 풀리지 않았던 것에 대한 일종의 속죄(?) 기분으로 대학 1학년을 그렇게 보낸 것 같다.

그러다가 주일학교 교사를 하면서 우연히 기타를 배워야겠다는 생각이 들었다. 성가를 부를 때 반주 넣기도 좋고 썩 재미있을 것 같았다. 그래서 기타를 배우려고 성당 밑에 있는 아는 형이 운영하는 기타 학원에 등록을 했다. 하지만 나의 기타 실력은 전혀 진척이 없었다. 왼손으로 집는 코드의 원리를 머리로 이해하려고 했기 때문인 듯하다. 그냥 외워야 했던 것이다. 외우고 나면 나중에 터득하게 되는 것을…

요즘 청소년들은 컴퓨터를 너무 잘 한다. 학원가서 배우지도 않았는데 한글자판의 기능키를 거의 다 알 뿐만 아니라 특히 게임과 관련된 테크닉은 수준이 너무 높다. 그냥 외우기 때문이다. 다만 즐겁게 외웠기 때문에 아무런 문제 없이 넘어갔었던 것이다. 구구단을 외우지 않고 머리로만 이해를 한다면 몇 년이 걸려도 못 외울 것이다.

87. 父不言子之德하며 子不談父之過니라

부불언자지덕 자부담부지과

아버지는 아들의 덕을 말하지 말며, 자식은 어버이의 허물을 말하지 말라.

◕ 아버지가 아들의 덕을 말하지 말아야 하는 것은 그 칭찬의 굴레에서 아들이 벗어나지 못할 수 있기 때문이다. 자식은 부모보다 더 많은 가능성을 가지고 있다. 아버지가 자식 자랑을 하면 그 소망의 범위를 벗어나기가 무척 힘들다. 설령 기대에 부응해서 무엇인가 되었다가도 자신의 적성을 찾아 다시 방향을 설정하는 경우를 자주 보게 된다. 진화의 측면에서 봐도 자식이 부모보다 더 많이 진화되었다. 현재 50대가 처음 컴퓨터를 배울 때는 1년 정도 걸렸는데, 요즘 청소년들은 하루만 하면 족하다. 부모는 단지 먼저 태어났고 더 많은 경험을 했을 뿐이지 변화하는 환경에 적응할 수 있는 요건은 자식들이 더 잘 갖췄다. 부모가 자식에게 제한된 자신의 경험으로 자식에게 장래를 결정짓듯이, 또 그런 소망을 가지고 자식의 덕을 칭찬해서는 안 된다.

또한 자식은 부모의 허물을 말해서는 안 된다. 왜냐하면 자신의 정체성의 근거가 되기 때문이다. 이와 관련하여 아주 곤혹스러운 질문이 있다. 그렇다면 부모가 마약범죄에 연루되었다면 어떻게 할 것인가. 신고를 할 것인가 말 것인가. 이와 비슷한 종류의 질문은 참으로 많다. 답하기 곤란하다. 그런데 이렇게 생각해보자. 마약은 각종범죄의 온상이며 그 자체도 문제이겠거니와 살인, 방화, 테러, 인신매매 등 국내외적인 각종 범죄와 연계되어 있다. 이러한 논거는 모두 부모를 경찰에 신고해야 되는 것이다.

한편 그래도 부모인데, 부모를 자수하게 잘 설득해야 한다. 그럼에도 불구하고 부모가 동의하지 않으려고 하면 누가 물어도 모르겠다고 해야 한다. 이러한 논리는 부모를 경찰에 신고해서는 안 된다는 논리를 지지한다.

실제 마약연루 행위는 중대 범죄이다. 인류를 파멸에 이끌게 하는 범죄이다. 따라서 그 누구도 예외가 되어서는 안 된다. 여기서 구절의 저자는 부모의 인간적이고 도덕적인 허물을 말하지 말라는 것이지 범죄를 말하지 말라는 뜻으로 얘기하지는 않았을 것이다. 신고에 의해 경찰서 유치장에 가 있는 부모에 대한 인간적이고 도덕적인 존경심이 전제된다면 마땅히 신고해야 한다. 그것이 곧 최초 정상상태의 부모가 나에게 가르치려고 했던 올바른 인간상에 부합하는 행동일 것이다. 불의 앞에서 용감해야 한다는 등의 가르침 말이다.

제17편 언어편(言語篇)과 청춘의 지혜

말을 어떻게 할 것인가에 관한 내용이다. 말을 잘못 했다가는 얼마나 많은 해악이 되는지를 가르쳐준다. 예로부터 말 한 마디에 천 냥 빚을 갚는다고 했다. 잘 하면 도움이 되는데 못하면 해가 되는 이중적인 특징을 갖고 있다. 말을 잘 한다는 것은 갖은 교언영색(巧言令色)으로 상대방을 현혹시키는 것이 아니라 아나운서처럼 군더더기 없이 말을 하는 것이 아니다. 꼭 해야 할 때, 꼭 해야 하는 상황에서 아무도 말하지 못하고 있을 때, 딱 한 마디 함으로서 전체가 대의를 저버리지 않도록 하는 것도 매우 중요하다.

88. 一言不中이면 千語無用이니라

일언부중 천어무용

말 한 마디를 했을 때 맞지 않으면, 천 마디 말을 해도 아무 소용이 없다.

한 마디 말이라도 핵심에 맞지 않는 말을 하게 되면 천 마디의 말로써 부연설명을 해도 소용이 없다.

오래되지 않은 일이다. 어떤 학회에 갔을 때의 일이다. 한국윤리학회에서 대단한 학자로 알려져 있고 지금은 정부의 고위공직자로 활동하고 계신 분이다. 말씀 하시는 것이며 글 쓰시는 것이며 어느 하나 본받지 않고 싶은 바가 없는 그런 분이시다.

그 학회의 마지막 부분에서 발언권을 얻어서 내가 말하는 시간이 되었는데, "오늘 ○○○님의 과거를 '추도'하고…"라고 첫 말을 했다. 순간 분위기가 묘해졌다. 이곳저곳에서 웅성거리기도 해서 더 이상 준비한 발언을 제대로 할 수가 없었다. '추도'라는 말은 돌아가신 분의 공덕을 기릴 때 하는 말이다. '추억'이라는 말을 하고 싶었던 것 같다. 그런데 어감상 맞지 않는 말이라는 생각이 들어서 고친다고 고친 것이 '추도'였던 것이다. 일단 나의 무식을 폭로한 자리이기도 했지만 그 실수를 바로 잡을 수 있는 기회는 더 이상 있지 않았다. 이와 같이 신중하지 못한 한 마디의 말은 추후에 아무리 다른 노력을 하더라도 아무 소용이 없게 되는 것이다. 차라리 말을 안 하는 것만 못하게 되었다.

대학에 있는 친구에게서 전해들은 얘기다. 대학원 논문 발표를 할 때의 일이었다고 한다. 마침 친구가 학과장을 하고 있었는데, 학과 교수들이 참석을 많이 못하고 문제의 교수와 단 둘이서 논문 발표회에 참석하게 되었다고 한다. 회의를 주관해야 할 학과장으로서 이것저것 지적하는 것도 부적절해서 학술 용어 몇 개에 대해 질문하는 형식으로 코멘트를 했다는 거다. 공교롭게도 그 발표자는 동석한 교수의 지도학생이었다고 한다. 그랬더니 그 교수는 내 친구의 코멘트가 끝나자마자 자기가 발언권을 갖고 "학부학생들이 지금 수업을 듣고 있으니 답 해볼 사람 해보라"고 했다고 한다. 친구는 자존심이 너무 상했지만 그냥 참고 넘겼다고 한다. 아무리 공부하지 않는 교수라고 해도 자기 전공분야의 내용을 학부생들로부터 답을 들을 만큼 아둔한 교수는 없다. 그 교수는 많은 학생들 앞에서 의도적으로 타인의 명예를 훼손시키는 행위를 자행한 것이다. 회의를 주관해야 하는 학과장의 직위도 침해한 것이다. 분명히 월권이며 동시에 명예훼손을 한 것이다. 통상 언론에서 허위기사를 보도하면, 추후 정정보도를 하게 되는데, 같은 면 같은 단수로 하게 된다. 아마도 그 교수는 자신의 한 마디에 내 친구가 받았을 마음의 상처는 눈꼽만큼도 생각하지 않았던 모양이다. 그 일이 있고 난 뒤에 그 교수도 자신의 발언이 부적절했다고 생각했는지 몇 번이고 미안하다고 했지만 내 친구의 실망감을 완전히 없애기에는 충분하지 않았다고 한다.

이와 같이 말 한 마디가 무서운 무기가 되기도 하고, 종국에는 자신의 체면을 깎아 내리기도 한다. 또 어떤 한 마디는 한 사람의 삶 전체를 바꿀 만큼 큰 기적을 만들어내기도 한다. 우리는 다른 사람에게 비수를 날릴 것인가, 아니면 감동과 기적을 만들어 줄 것인가를 곰곰이 생각해보아야 한다. 그런데 약간의 서운한 감정이 있더라도 한 템포 늦추고 한 톤을 낮추고 말을 하면 비수가 되어 다른 사람의 마음에 꽂히지는 않을 것이다. 일이 벌어지고 난 뒤에 천 마디의 말로써 변명을 해도 처음의 잘못은 덮어지지 않는다.

89. 口是傷人斧요 言是割舌刀니 閉口深藏舌이면 安身處處牢니라

구시상인부 언시할설도 폐구심장설 안신처처뢰

입은 사람을 상하게 하는 도끼요, 말은 베이기 쉬운 혀칼이니, 입을 막고 혀를 깊이 감추면, 온몸이 편안하고 견고하다.

입은 정말 요물이다. 대개 입으로 들어가는 것은 자신의 몸을 지탱하는 소중한 자양분이 된다. 그런데 생각을 잘못 먹으면 그 자양분이 모두 다른 사람을 해롭게 하는 데 동원되고 만다. 입으로 들어가는 것은 밥, 물, 술, 공기 등 다양하다. 한결같이 생장에 유익한 것들이다. 그 중 하나라도 없으면 생존할 수 없다. 따라서 생명을 유지하는 데 있어서 입은 긴요한 도구이다.

그러나 입에서 나오는 것은 매우 조심해야 한다. 아마도 100개 중에서 1개 정도만 자신에게 유익할 뿐이라고 보는 것이 맞을 듯하다. 심지어 입 냄새도 나지 않는가? 입을 열어서 주변 사람에게 좋을 게 그리 많지 않다.

하지만 자신에게 말하는 것이 의무로 주어진 것에는 최선을 다해야 한다. 선생으로서 수업시간 동안 하는 말은 절대적 권위를 갖고 있어야 한다. 그리고 반드시 해야만 한다. 학자로서 학술토론장에서 하는 말도 필수적이다. 이렇게 고도의 전문성이 요구되는 자리에서도 너무 많이 얘기하는 것은 좋지 않다.

선생으로서 수업 중에 하는 말의 권위를 높이려면 불필요한 예화를 삼가야 하고, 즉흥적으로 나오는 농담 등을 삼가야 하며, 특히 자기 자신에 관한 얘기를 삼가야 한다. 심지어 농담조차도 미리 생각한 교안대로 하는 것이 좋다. 수업 중에 말을 할 때는 풀어쓰면 완전한 문장이 되게끔 해야 한다.

90. 酒逢知己千鍾少요 話不投機一句多니라

주봉지기천종소 화불투기일구다

술은 나를 알아주는 친구를 만나면 천 잔도 적을 수 있지만, 말은 기회를 맞추지 않으면 단 한 마디도 많다.

말과 술은 서로 도움이 안 된다. 그런데 평상시에 서로 잘 어울려 다닌다. 가장 위험한 것은 말 많은 사람이 술을 마시는 것이다. 술을 마시면서도 다른 사람의 얘기를 일방적으로 잘 들어줄 수 있는 사람만이 술을 마실 자격이 있다. 얘기를 일방적으로 많이 하고 싶은 사람은 술자리에 꼭 후배들이나 자기 얘기 잘 들어주는 사람과 같이 가려고 한다. 무슨 얘기인지 모르지만 많은 얘기를 일방적으로 하고 싶어서이다.

고대 그리스의 향연에서는, 대개 가장 연장자에게 포도주에 물을 희석하는 비율을 결정할 권한이 부여된다고 한다. 그날 향연의 주제가 좀 길게 이어질 것 같으면 물을 많이 희석시키게 되는 것이다. 연구보고에 따르면 당시 포도주의 도수는 13도 정도 되었다고 한다. 요즘의 포도주와 거의 비슷했던 것 같다. 당시 그리스 사람들이 밤을 지새우며 마실 수 있었던 것은 물에 희석된 포도주를 마셨기 때문이다. 요즘 술자리에서는 도수를 낮추기 위한 희석이 아니라 누구를 먼저 취하게 만들까에 초점을 두고 일명 '폭탄주'를 만들어냈다. 일반적인 소주나 맥주에 양주와 같은 독한 술을 섞는 것이다. 그리고 이상 재미를 더 붙이기 위해 고춧가루를 뿌린다거나 스트레이트로 몇 잔을 마시게 한다거나 술 마시기 경쟁을 붙는 모습을 보여주고 있다. 결국 지갑은 가벼워지고 몸은 술병으로 고달프게 될 수밖에 없다. 나도 이런 사실을 몸으로 깨닫게 된 것이 그리 오래되지 않는다. 술 많이 잘 마시면 마치 사회에서 출세하는 지름길인줄 알고 가장으로서 또 학생을 가르치는 선생으로의 정체성을 망각했던 적이 하루 이틀이 아니었다.

밤새 술을 마시는 경우는 이럴 경우, 이해될 수도 있겠다. 애지중지 늦둥이를 두고 기뻐하는 친구가 있는데, 어떻게 잘못해서 저 세상으로 보내는 상갓집에 방문하게 되었다고 상상해보자. 그 슬픔을 이성적으로 어떻게 달래줄 수 있겠는가. 만약 친구가 세 명이라면 밤 새워 술을 마시는 것은 내 인생에 딱 세 번이면 족하다.

말을 할 때에는 때를 잘 맞춰야 한다. 일단 상대방이 화가 많이 나 있으면 박자를 잘 맞춰주는 것이 중요하다. “김 중위! 내 방으로 와 봐!” 엄청 화난 상관의 호출 전화이다. 방에 들어가자마자 상상되는 일성의 지적은 “오늘 11시까지 보고해달라고 했는데 어떻게 된 거야? 굼벵이라도 다 했을 거야! 그래 아직도 다 못한 거야?” 정도가 될 것이다. 요즘 군대에서는 이런 일이 없을 것이다. 언어폭력도 구타와 가혹행위만큼이나 엄히 다스린다고 하니 없기를 바란다. 그러면 "네! 못했습니다."라고 사실만 보고해야 한다. 그러면 바보 같은 부하라면서 나가라고 하는 사람은 없다. "왜 못했어?"라고 물어보게 되어 있다. 그러면 "네, 집안에 일이 좀 있어서 급한 전화 받고 상의하느라 못했습니다" 정도로 답하는 것이 좋다. 그러면 거의 대부분 "그래, 공무보다 급한 집안일이란 게 뭐야?"라고 물어보게 되어 있다. 그러면 "네, 사실은 고향에 홀로 계신 어머님이 교통사고가 나서 응급실에 실려 가셨는데, 응급차 운전기사로부터 연락이 와서 전화로 몇 가지 상의를 좀 했습니다"라고 답을 한다. 그 정도 되면 다른 사람에게 일을 좀 넘기던지 않고 그랬냐고 오히려 미안해서 몸 둘 바를 모른다. 이상은 평상시의 김 중위는 일을 잘 하는 것으로 전제로 했을 때의 가상 대화이다.

상하관계에서 하는 대화는 매우 조심스럽게 해야 한다. 상관으로서 어울리는 말은 "확인해보겠습니다", "검토해보겠습니다" 등과 같이 진중한 마음이 묻어 있으면 좋다. 하급자로서 어울리는 말은 "고민해보겠습니다", "노력해보겠습니다" 등과 같이 조심스러우면서도 적극적인 마음이 묻어 있으면 좋다.

언젠가 야전에서 정훈장교로 근무할 때의 일이다. 너무 많은 지시를 해서 다 할 수 없을 것만 같아서 약간 짜증이 섞인 말투로 "하는 데까지 해 보겠습니다"라고 말했던 적이 있다.

그 말을 듣게 된 상관의 꾸지람이 있었던 것은 당연하다. 이후로 나는 절대 그 말을 쓰지 않는다. 나로서는 마음이야 어떻든 말로는 "최선을 다해보겠습니다"라는 뜻으로 한 것이었는데 그렇게 오해될 수 있다는 것을 알게 되었다.

제18편 교우편(交友篇)과 청춘의 지혜

교우편은 친구를 사귀는 것에 관한 내용을 다룬다. 부모형제가 혈연으로 맺어졌다면, 친구는 신의로 맺어졌다. 가정을 떠나서 사회생활을 하면서 서로의 신의에 반하여 좋은 관계를 맺게 되는 것이다. 일방적인 관심과 후원으로는 맺어질 수 없는 것이 친구관계이다.

91. 子曰 與善人居면 如入芝蘭之室하여 久而不聞其香이나 卽與之化矣요 與不善人居면 如入鮑魚之肆하여 久而不聞其臭나 亦與之化矣니 丹之所藏者는 赤하고 漆之所藏者는 黑이라 是以로 君子는 必愼其所與處者焉이니라

자왈 여선인거 여입지란지실 구이불문기향 즉여지화의 여불선인거 여입포어지사 구이불문기취 역여지화의 단지소장자 적 칠지소장자 흑 시이 군자 필신기소여처자언

공자가 말했다. 선한 사람과 같이 어울리면 향기로운 지초와 난초가 있는 방안에 들어간 것과 같이 시간이 지나면 그 향기를 맡을 수 없을 정도로 곧 동화되고, 선하지 못한 사람과 같이 어울리게 되면 비린내 나는 생선 가게에 들어간 것과 같아서 시간이 지나면 그 냄새를 맡지 못할 정도로 곧 동화되나니, 붉은 주사를 지니고 있는 자는 붉어지고 검은 옻을 지니고 있는 자는 검게 된다. 따라서 군자는 반드시 같이 어울리는 자를 삼가야한다.

유유상종(類類相從)이라는 말이 있다. 또래 친구들이 모두 술주정뱅이 인데, 단 한 명만 고고하게 매일 아침에 일어나서 기도하고 찬물에 세수를 하는 집단은 없을 것이다. 비슷한 행색을 하고 비슷한 취미를 가져야 같이 어울려 다닐 수 있는 것

이다. 기존의 공동체 문화가 건전하면 새로 유입되는 사람도 그렇게 동화되는 것이다.

병영생활 속에서도 마찬가지다. 처음 이등병이 전입 오면 무슨 일을 할 수 있겠는가? 우선 지리도 모를 뿐만 아니라 사람도 모른다. 모든 것을 물어서 해야 하는 상황이다. 처음부터 못한다고 창피를 주거나 강압해서는 안 된다. 장교도 마찬가지이다. 나는 중위 고참 때 최전방 GOP 부대에서 의정부에 있는 방공부대로 전입을 가게 되었다. 그런데 아는 사람이 아무도 없고, 전입신고 시간도 많이 남았고 어디 갈 곳도 없었다. 그래서 본부중대 내부반장실에서 잠시 쪽잠을 청했던 기억이 난다. 당시에는 PX에 가서 음료수 마실 생각도 나질 않았다.

그렇다면 타성에 젖어서 자신이 향기 나는 장소에 있는지 비린내 나는 생선가게에 있는지 모를 경우 그것을 확인할 수 있는 방법은 없는가? 그것을 점검해보면 장소를 바꿀 수도 있을 테고, 어쩔 수 없이 그곳에 머물러야 한다면 그 문화를 개선하는 방향으로 노력할 수도 있을 것이다.

우선 그 집단 내에서 구타와 욕설이 있는지 확인해봐야 한다. 구타와 욕설은 원만한 의사소통이 잘 안될 때 강자가 행하는 강압적인 잘못된 의사소통 수단이다. 만약 구타와 욕설이 있다면 그 집단은 건전하지 못하다고 보아야 한다.

다음으로 그 집단 내에 분실사고가 있는지 확인해보아야 한다. 남의 물건을 훔치는 도둑질은 그 자체가 범죄이다. 훔치는 이유는 정상적인 필요 이상으로 무엇인가를 도모하려는 바가 있다는 것이다. 이중 삼중으로 좋지 않은 일이 발생할 수 있다.

또한 그 집단 내에 배탈이 난 환자가 자주 발생하는지 확인해야 한다. 요즘의 공공조직은 대부분 전문 영양사가 끼니마다 영양상태와 음식물의 이상 유무를 점검하기 때문에 물리적으로는 배탈이 날 가능성이 낮다. 그런데 배탈이 난다는 것은 스트레스 받을 일이 많다는 것이다. "밥 먹을 때는 개도 안 건드린다"는 말이 있다. 편히 밥 먹을 수 있도록 만들어 줘야 한다.

끝으로 그 집단 내에 주기적으로 웃음소리가 있는지 확인해야 한다. 웃음이 있는 곳에는 비록 스트레스가 있다고 하더라도 극복될 수 있다는 얘기다. 그리고 그것이 주기적으로 발생하면 제도화되었다고 볼 수 있다. 한 가지 유의할 점은 그 웃음소리가 특정 인물을 놀려주는 와중에서 나오는 비웃음의 소리인지 예리하게 관찰해야 한다.

92. 家語云 與好人同行이면 如霧露中行하여 雖不濕依라도 時時有潤하고 與無識人同行이면 如厠中坐하여 雖不汚衣라도 時時聞臭니라
가어운 여호인동행 여무로중행 수불습의 시시유윤 여무식인동행 여측중좌 수부오의 시시문취

『家語』[46]에 이르기를, 좋은 사람과 동행(同行)하면 마치 안개 속을 가는 것과 같아서 비록 옷은 젖지 않더라도 때때로 윤택함이 있고, 무식한 사람과 동행하면 마치 뒷간에 앉은 것과 같아서 비록 옷은 더럽혀지지 않더라도 때때로 그 좋지 않은 냄새를 맡게 된다.

좋은 사람과 같이 지내면 어디를 가나 도움이 되고, 무식한 사람과 같이 지내면 직접 그 패악을 겪지는 않았지만 좋지 않은 여운이 나에게 남게 된다. 그렇다면 누가 좋은 사람이고 누가 무식한 사람인가? 그것만 잘 구분하면 누구랑 어울릴지 잘 결정할 수 있을 것이다.

우선 좋은 사람은 믿을 수 있는 사람이다. 언제나 말을 해도 거짓이 없는 사람이다. 좋은 사람은 겸손한 사람이다. 자신을 드러내지 않고 상대의 얘기를 많이 들어주는 사람이다. 자기

46) 여기서 '家語'란 '孔子家語'를 말하는데, 魏나라 王肅이 엮은 冊으로, 孔子의 言行 및 弟子들과의 問答 · 論議를 記錄한 冊이다. http://hanja.naver.com/word?q=%E5%AD%94%E5%AD%90%E5%AE%B6%E8%AA%9E, 2015.9.25. 검색.

얘기만 일삼는 사람은 좋은 사람이 아니다. 좋은 사람은 불의 앞에 용감한 사람이다. 불의를 보고서 지나치지 않고 그 문제를 해결하기 위해 용기를 발휘할 줄 안다. 좋은 사람은 생명을 존중하는 사람이다. 인간의 생명뿐만 아니라 모든 생명체를 존중한다. 그렇기 때문에 음식물을 함부로 먹다가 버리지 않는다. 따라서 뷔페 식당에 가서 음식물 많이 가져왔다가 자주 남기는 사람은 좋은 사람이 아닌 것이다. 좋은 사람은 깊은 생각을 할 줄 아는 사람이다. 얇은 이해관계에 따라 일희일비하지 않는 사람이다. 만약에 어떤 사람이 자기 차례의 무엇인가 얻을 수 없다는 이유로 화를 내는 사람이라면 좋은 사람은 아니다. 그런 사람은 한 가지 행동에 두 가지 이상으로 상대방의 입장을 배려할 줄 안다.

그렇다면 무식한 사람은 어떤 사람인가? 앞에서 말한 좋은 사람의 요건 어떤 것 하나가 부족하거나 모두 또는 대부분 또는 일부분이 망가졌거나 아예 없는 사람이다. 그런데 더 안 좋은 사람은 사실 모르기만 하는 무식한 사람보다는 알고도 실천하지 않는 사람이다. 병적으로 기억상실증에 걸렸거나 의지가 박약해서 못하는 경우를 제외하고는 이러한 사람이 더 도덕적으로 문제이다. 물론 제대로 알기만 하면 제대로 실천할 수 있는 마음이 생기겠지만, 대체로 그런 기능은 구분된다.

93. 子曰 晏平仲은 善與人交로다 久而敬之온여
자왈 안평중 선여인교 구이경지

공자가 말했다. 안평중은 사람과 사귀기를 잘 하도다. 오래되어도 변함없이 공경하는구나.

◐ 사람을 잘 사귀는 사람은 두 가지이다. 우선 첫 만남을 부담 없이 잘 시작하는 사람이다. 대개 개방적인 사고를 하고, 호기심이 많은 사람들이 첫 만남을 잘 시작한다. 더 중요한 사교성을 가진 사람은 세월이 흘러도 그 초심이 변하지 않고 그대로 지속할 줄 안다. 이해관계가 있을 때는 사교적으로 잘 대하다가 그런 관계가 끊어지게 되면 언제 봤느냐는 식으로 안면몰수 하는 사람이 있다. 그런 사람은 오래 가지 못한다.

특히 상대방이 약자일 때 그런 태도를 취하는 것은 진정한 사교성을 가진 인물로 볼 수 없다. 최근의 일이다. 정부부처의 중요한 정책을 결정하는 국장인데, 아주 오래 전에 잘 알았던 사이이다. 무슨 일이 있어서 국장으로 영전했다는 소식을 우연히 알게 되었다. 너무 반가워서 가장 가까운 기간에 출판된 나의 책자와 반가운 마음을 담은 편지를 동봉해서 보내준 일이 있다. 그리고 한 1주일 뒤에 전화를 했다. 내가 얻을 수 있는 답은 "아~, 예", "그래요?" 밖에 없었다. 재차 자기의 동기 누구 이름까지 얘기하면서 과거 공통의 추억을 떠올리기 위해

추가 설명을 해주었으나, 여전히 답은 "네, 네" 밖에 하지 않았다. 당시에는 하도 황당해서 그냥 전화를 끊었지만, 지금 상황이라면, "국장님이시라 너무 바쁘신 것 같군요. 전화 잘못 드린 것 같습니다. 대단히 죄송합니다."라고 말해주고 싶다. 아마 그 국장은 본부장도 하고 나중에 장관도 할 수 있을 것이다. 그러나 은퇴하고 난 뒤에는 주변에 아무도 없을 것이다.

반면에 누구에게나 너무 친한 척하는 것도 문제이다. 몇 번 만나지도 않았는데, 자신의 칼럼이나 논문을 계속 보내온다거나 핸드폰으로 월별 인사말을 보내오는 것도 그 한 예이다. 만약 나만을 위한 소식이라면 매번 열어 볼 수 있겠으나, 입신출세를 위해 자신을 계속 기억해달라는 뜻에서 보내오는 메시지는 첫 이미지를 더 실추시키는 패악에 가깝다. 이 점에서는 나도 반성할 점이 많다. 나의 패악 중에는 꼭 밤에 회식하면서 그 자리에서 거론 되는 인물이 있으면 그 시간에 전화를 거는 것이다. 회식을 자주 하는 것도 문제였지만 취중에 절제 없이 아는 사람에게 전화를 거는 행위는 더 나쁜 사교성의 한 예이다.

94. 相識이 滿天下하되 知心能幾人고

상식 만천하 지심능기인

서로 얼굴을 아는 사람은 온 세상에 가득한데 서로 마음을 아는 사람은 몇 명이나 되는가?

매일 저녁에 막걸리 한 잔 하자고 할 때는 쉽게 올 수 있는 사람은 많지만, 내가 실의에 빠져 있을 때 위로의 전화 한 통 해주는 사람은 과연 몇 명이나 될까? 대개의 대인관계는 표피적인 관심사의 공유로 이루어진다. 그러한 세태를 너무 한탄할 필요는 없을 듯하다. 아는 모든 사람들의 애사와 경사를 정말 친한 친구와 교류하는 것만큼 내가 받기 위해서는 그만큼 내가 해야 하는데, 시간적으로나 경제적으로 불가능한 일이다.

따라서 얼굴을 알고 지내는 사람과의 교류에 있어서 너무 많은 것을 기대하고 속 깊은 개인적인 대화를 삼가는 것이 좋다. 특수한 분야의 사람들은 예외적으로 생각해볼 수 있다. 예컨대 정치하는 사람이 사람을 만나지 않을 수 없을 것이다. 결국 기대하는 바가 높고 크면 그만큼 실망도 깊어진다.

어느 광고 중에 "인생은 기쁨도 슬픔도 다 함께 하고 가야 할 기나 긴 여정"이라는 문구가 가슴에 와 닿는다. 그만큼 인생은 단순한 것이 아니라는 뜻일 게다. 흔한 말대로 그 기쁨과 슬픔은 나누기에 따라서 우리에게 많은 위안을 가져다주기도 한다. 기쁨은 나누면 두 배가 되고, 슬픔은 나누면 반으로 줄어든다는 얘기 말이다.

나의 마음을 알아주고 또 내가 그 친구의 마음을 알아주는 그런 친구는 적어도 몇 명은 있어야 한다. 인간이 아무리 지혜롭고 총명하다고 해도 말로 다 표현할 수 없는 애환을 같이 나누고 싶은 친구도 필요하며, 주변의 얼굴만 아는 사람들에게까지 말할 수는 없지만 나의 기쁨을 나누고 싶은 친구도 필요하다.

95. 酒食兄弟는 **千個有**로되 **急難之朋**은 **一個無**니라

주식형제 천개유 급난지붕 일개무

술과 밥을 함께 할 때에 형제간 같은 친구는 천 명이 있으나, 위급하고 어려울 때에 도와주는 친구는 하나도 없느니라.

술 마실 때의 천 명의 친구는 진정한 친구가 아니다. 내가 술을 마실 때 마냥 옆자리에 앞자리에 같이 있었을 뿐이다. 그 친구들이 내가 위급할 때 나를 도와주지 않았다고 해서 아무 불평할 필요가 없다. 내가 그렇게 자초했기 때문이다. 그렇다면 나는 그들 천 명의 친구가 위급할 때 갈 수 있겠는가. 불가능한 얘기다.

흔히들 취중진담(醉中眞談)이라는 말을 써가며 술 한 잔 하면 속에 있던 얘기를 다 털어놓고 앙금이 풀린다고 한다. 오히려 그 때 듣게 된 말이 또 다른 서운함의 시작이 될 때가 더 많다. 그리고 술자리에서 한 말을 갖고 다음 날 문제 삼는 사람은 바보라는 말을 종종 듣게 된다. 이 말은 틀렸다. 술자리에서 주로 말을 많이 하는 사람들의 자기변명에 지나지 않는다.

술 중독에서 가장 경계해야 할 것은 얼마나 많이 마시는가보다는 얼마나 자주 마시는가이다. 폭음을 하게 되면 당연히 다음날 자기 몸이 고생한다는 것을 알기 때문에 몸 상태가 나

아질 때까지 술 생각이 나지 않는다. 개인에 따라 다르겠지만 아무리 술이 샌 사람도 바로 다음날 또 술을 마시지는 않는다. 그런데 주기적으로 운동을 하고 곧 이어서 일정한 양으로 조금씩 주기적으로 술을 마시는 사람은 굉장히 위험하다. 그 술 마시기가 정례화 되어 습관이 되어버린다. 점점 자신도 모르는 사이에 술의 강도가 높아지고 양과 횟수도 많아지게 된다. 된다. 그렇게 되면 알콜 중독자가 되는 것이다. 그동안 정례적으로 같이 했었던 자신의 다른 사전 행위들도 술을 주기적으로 마실 수밖에 없는 필요조건이 되는 것이다. 패키지로 문제가 되는 것이다. 이 정도가 되면 특단의 조치가 없으면 술을 끊을 수 없게 된다.

96. 君子之交는 淡如水하고 小人之交는 甘若醴니라

군자지교 담여수 소인지교 감약례

군자의 교제는 담백하기가 물과 같고, 소인의 교제는 달기가 식혜와 같다.

군자는 자신의 도덕적 원칙을 바로 세우는 사람이다. 투박하기 이를 데 없다. 어떨 때는 목석같이 감정이 없는 것 같이 느껴지기도 한다. 군자의 조언은 흑백이라서, 당장은 재미가 없지만 두고두고 은은한 느낌이 계속된다. 누구에게도 적용될 수 있는 원칙을 소유하고 있기 때문에 파당을 짓지 않는다. 그래서 군자의 삶은 물과 같은 것이다. 물은 너무나 담백해서 특정한 맛이 없다. 매일 마셔도 질리지 않는다. 하지만 그러한 삶을 오래 하고 난 뒤에 보면 얼마나 우리 건강에 좋았는지를 알 수가 있다.

반면에 소인은 이해관계에 밝다. 자신의 이익이 침해받게 되면 즉각 화를 낸다. 식혜는 아주 달다. 그러나 오래 동안 마실 수는 없다. 질리기 때문이다. 소인의 조언은 총천연색이라, 당장 눈을 황홀하게 만든다. 오래 보면 거기에 빠져서 자신의 길을 잃고 만다. 그래서 소인의 조언은 상대방을 계도하는 것이 아니라 본인의 이익을 챙기기 위해 유혹하는 감언이설(甘言利說)인 것이다. 간과 쓸개를 다 빼줄 것 같이 말한다. 하지만 위기에 처하게 되면 자신은 아무런 책임이 없다고 말한다. 무엇보다 소인의 교제는 그 속에 유혹하는 달콤한 설탕이 들어 있기 때문에 오래 지속되면 상대방의 몸을 해롭게 만든다. 이빨도 썩게 되고 몸 속의 신진대사를 비틀어지게 만든다.

제19편 부행편(婦行篇)과 청춘의 지혜

부행편은 부인이 가정 내에서 어떻게 처신해야 하는지에 관한 내용을 다룬다. 오늘날에 그대로 적용되는 데는 무리가 있는 가르침도 많다. 그 시대에 맞게 억지로 이해하려고 할 필요는 없다. 다만 오늘날 우리의 삶의 어떤 의미가 있는지를 기준으로 바라보면 될 것이다.

97. 婦德者는 不必才名絶異요 婦容者는 不必顔色美麗요 婦言者는 不必辯口利詞요 婦工者는 不必技巧過人也니라

부덕자 불필재명절이 부용자 불필안색미려 부언자 불필변구리사 부공자 불필기교과인야

부인의 덕이란 반드시 재주가 뛰어난 것을 말하는 것이 아니요, 부인의 용모란 반드시 말재주가 좋아 말을 잘하는 것을 말하는 것이 아니요, 부인이 하는 일이란 반드시 기교가 남보다 뛰어난 것을 말하는 것이 아니다.

유교에서 가장 중시하는 덕목은 인(仁)이다. 자전에 의하면, 그 훈(訓)을 '어질다', '자애', '만물을 기르다' 등을 꼽고 있다. 그런데 한방(韓方)에서 복숭아 씨앗을 도인(桃仁)이라고 하는 점을 보면, 인에는 '씨앗'이라는 의미도 있다고 볼 수 있다. 아마도 유교에서의 인이란 인간이라면 갖추어야 할 가장 근본이 되는 '도덕적 씨앗'이 아닐까 생각한다.

이러한 씨앗은 마땅히 구분이 되며, 종류가 다를 경우 그 모양과 색깔이 다 다르다. 심지어 같은 종 내에서도 다른 모양과 색깔을 가진 경우도 있다. 이렇듯 자연에서 씨앗의 종류가 다르듯이, 인간에게도 그러한 구분이 필요한 것이다.

부인이 남편과 대등하지 않을 이유는 없다. 하지만 그 언행이 같아서는 안 된다. 흔히 우리가 차별과 구별을 얘기하는데,

과거 구시대의 봉건제도하의 여성은 남성에 비해 차별받는 대우를 받았다고 할 수 있다. 자신의 신체적, 사회적 여건 등을 최대한 고려해서 그 장점을 최대한 발휘하는 것이 공동체 전체의 이익에 부응하는 것이다. 대체로 부인은 남편에 비해 힘이 약하기 때문에 바깥에 나가서 농사짓기보다는 집안에서 요리를 하는 편이 낫다. 애기를 낳고 기르기 때문에 유아시절 육아의 중요한 역할을 담당한다. 상대적으로 남편은 힘이 세기 때문에 가정을 지키고, 힘든 농사일을 하고, 자식들을 강하게 기르는 데 역할을 하게 된다.

이런 차원에서 부인의 갖추어야 할 품성에 대해 얘기해볼 수 있을 것이다. 부인의 덕은 다양한 재주를 많이 가졌다고 훌륭한 것이 아니다. 부인이 하는 또는 여건에 따라 하게 되는 여러 가지 일들 중에 요리하기, 바느질하기, 설거지 등이 중요한 것이라고 한다면 그 자체가 중요한 것은 아니다. 자연 속에서 여성성으로 부여된 관용과 부드러움이 그 정체성일 것이다. 그것을 드러내는 방편이 요리하기 등이 되었을 뿐이다. 따라서 요리하기 등의 갖은 재주는 관용과 부드러움의 덕이 드러난 하나의 예가 될 뿐이지 그 본체일 수는 없는 것이다.

부인의 용모는 말재주를 잘 하는 것이 아니다. 또한 얼굴의 이목구비와 몸매가 좋고 나쁨의 문제가 아니다. 부인의 용모는 자연 그 자체를 그대로 드러낼 때 가장 아름답게 느껴지는 것이다. 광고 용어에 보면 '자연미인'이라는 말이 있다. 온갖 화장품을 덧칠해서 원판이 어떤 모습인지를 알 수 없게 하는 용모는 부인의 진정한 모습이 아니다. 그렇다면 부인은 이 사회가 부인들로 하여금 화장을 하게 했으니, 모두가 책임이라고 말할 수도 있을 것이다. 너무 짙은 화장은 불필요한 오해를 불러일으킬 수 있다. 다만 강한 햇볕을 차단하기 위한 피부 보호제로서의 화장품은 반드시 필요하다고 본다.

부인에 대한 것이 아니라 여학생에 관한 얘기다. 경상대학교에는 학교에서 지원해주는 GPP(Global Pioneer Program)이라는 학생들의 해외탐방 프로그램이 있다. 이 프로그램에 나는 지도교수 자격으로 동남아시아 문화 탐방을 주제로 동참하게 되었다. 태국과 캄보디아 지역의 학교와 봉사시설도 견학하게 되었다. 그런데 앙코르와트 입구를 들어가는데 한 여학생이 큰 왕벌에 온 몸을 다섯 군데나 쏘인 일이 발생했다. 혹시나 해서 내가 향수발랐느냐고 하니까 그렇다고 했다. 벌이 향수에 얼마나 민감한지 그때 실감하게 되었다. 다음날 손가락 부분이 퉁퉁 부어서 병원에 가야할 정도로 상태가 심각했다. 캄보디아에는 큰 병원이 없고 주로 화교들이 운영하는 중국인병원이 많았다. 그 중 한 곳에 데리고 갔다. 짧은 중국어로 벌에 쏘였음을 설명하고 응급조치를 받았다. 추후 진료를 위해 영어로 진단서도 발급해달라고 했다. 인솔자로서의 책임감 때문에 그날 치료비도 내가 지불했다. 귀국해서 나중에 치료비와 함께 자기가 캄보디아에서 산 목재 꽃병 하나를 선물로 가져왔다. 치료비는 사양하고 꽃병은 잘 받아서 연구실에 지금도 두고 있다. 지금은 사회교육과로 전과해서 졸업한지 오래되었다. 지금도 앙코르와트라는 말을 들으면 원시림 속에 우뚝 솟은 고대의 찬란한 문화유적이 떠오르는 것이 아니라 왕벌이 생각난다.

또한 부인이 하는 일이란 손재주가 남보다 더 뛰어난 것을 말하는 것이 아니다. 남은 뜨개질로 장갑 한 켤레 뜨는데 세 시간이나 걸리는데 나는 한 시간 밖에 걸리지 않는다고 일을 더 잘하는 것이 아니다. 가족의 화목과 건강을 최상으로 유지하게끔 일하면 그것이 최선이다. 그리고 그것을 오랜 추억으로 온 가족이 간직할 수 있도록 하는 것이 중요하다. 저녁을 먹으면서 서로 기분 좋은 얘기를 하는 것도 좋은 방편이 될 수 있다. 그런데 밥 먹을 때 너무 심각한 얘기를 하지 않는 것이 좋다. 밥 먹는 데도 기본적으로 신경이 쓰이는데 그 대화의 주제가 심각한 것이면 소화도 안 된다. 잘못하다간 혀를 씹는 불상사가 발생할 수 있다. 하지만 특기는 하나 가지는 것이 좋다. 음식점에서 파는 정도의 일류요리는 아니지만 생각나게 하는 요리는 한 가지 확실히 해두는 것이 좋다. 옛날 할머니가 해주시던 장떡이 생각난다. 어머니는 그 레시피를 잘 모르시는 듯했다. 그 장떡은 조선간장, 밀가루, 약간의 누룩(이것은 추정한 것임) 등으로 만들어진 것 같다. 할머니가 그리운 것은 어렸을 적에 많이 업어주시는 것도 있지만 그것과 함께 장떡이 오버랩되면서 더욱 심화된다. 이렇게 부인의 재주는 다른 사람의 것보다 월등히 뛰어날 필요는 없다. 그 재주와 함께 가족들이 추억을 만들 수 있고, 오래토록 같이 기억할 수 있도록 하는 것이 중요하다.

대개의 부인은 자녀가 학교에서 교외활동을 하러가서 친구들이랑 밥을 먹고 왔을 경우, 관심 표명 차원에서 무엇을 먹었는지를 물어보게 된다. 이것을 기억해 두었다가 다음에 부부가 외식을 하러 갔는데 마침 그 메뉴를 먹게 되었을 때, 집에 돌아와서 자녀에게 그 요리 맛있더라고 얘기해주면서 다음에 같이 먹으러 가자고 한다면, 고학년 자녀들이 공부하느라 만남이 제한되는 데도 불구하고 같은 추억을 만들어 갈 수 있다.

98. 太公曰 婦人之禮는 語必細니라

태공왈 부인지례 어필세

태공이 말하기를 부인의 예절은 목소리가 반드시 세심해야 하느니라.

세심한 목소리를 반드시 부인만 내야 하는 것은 아니다. 남편도 세심한 목소리를 할 때도 있다. 세심하다고 함은 자상한 것을 말한다. 자녀가 학교에 다녀와서 집에 들어오면서, "학교 다녀왔습니다"라고 하는데, "그래"라고 짧게 답한다면 정 없는 가장 간단한 의사소통일 것이다. 그 '그래'도 하도 현재 하고 있는 일이 바빠서 '그리어~'라고 한다면 또 다른 느낌을 줄지도 모른다. 그렇지만 이 모두 아예 대답 없는 것보다는 백 번 천 번 낫다.

너무 반가워서 더 많은 것을 물어보고 싶더라도 일단 가방을 내려놓고 냉수라도 한 컵 마시고 난 뒤에, 오늘 날씨가 어떠했느냐, 오후 체육시간에 운동장에서 덥지는 않았느냐 등 애정 어린 관심을 표명하는 것이 중요하다.

그런데 요즈음은 재택 근무하는 남편도 있고, 여러 가지 이유로 집안에 있는 남편이 많다. 부인이든 남편이든 밖에 다녀오는 것은 예나 지금이나 위험 일들이 많다. 안전한 집안에 있는 사람이 밖에 다녀온 가족에게 자상한 목소리라 맞이하는 것은 당연한 이치이다.

나는 이런 점에서 반성할 점이 많다. 꼭 애들을 부를 때는 이름 호칭을 바로 하지 않고 "너 또는 너그"라는 말로 부른다. 필요할 때 불러주라고 이름을 지어놓고 정작 내가 그렇게 하질 못했다. 경상도 출신임을 변명할 필요도 없다. 누구든 상대방이 서운한 느낌을 받을 것 같으면 고치도록 해야 한다.

여기서 유의해야 할 점이 있다. 자상한 목소리가 지나치면 간사한 목소리로 들릴 수 있다. 또한 너무 자주 많이 물어보게 되면 상대방이 귀찮다고 생각할 수 있다.

99. 家有賢妻면 夫不遭橫禍니라

가유현처 부부조횡화

집안에 어진 아내가 있으면 남편이 밖에 나가 뜻밖의 화를 당하지 않는다.

어진 아내는 남편이 잘못을 해도 아무 잔소리도 하지 않는 것을 의미하지는 않는다. 가장 가까이에서 같이 사는 부부이므로 남편의 장점과 단점을 가장 많이 알고 있다. 어진 아내는 곧 지혜로운 아내라고 할 수 있다.

간혹 몽매한 상태에서 아직 깨어나지 못한 남편은 어진 아내의 조언을 잔소리로 생각하고 폭력을 행사하거나 폭언을 하는 경우가 있다. 어떤 경우에도 폭력과 폭언은 용납될 수 없겠지만 자신의 잘못된 점을 얘기해주는 아내에게 그렇게 행동하는 것은 더 잘못되었다.

설령 아내가 잔소리를 하면서 모욕감을 주더라도 견뎌내야 한다. 왜냐하면 아내는 혼자서 일인 다역의 모노연극을 하고 있는 것과 마찬가지이다. 가상의 인물이, 가상의 공간에서 할 수 있는 모든 가능성을 다 생각해서 미리 잔소리를 해주는 것이다. 이러한 점을 다 섭렵하고 나면 밖에 나가서 누구로부터도 화를 당하지 않게 되는 것이다. 아내는 가정 내에서 남편의 동반자이자 조련사이다. 너무나 아끼기 때문에 잔소리를 하게 된다. 부부끼리 운전교섭하지 말라고 하는 말은 바로 이 같은 이유에서 찾을 수 있다. 부부는 너무나 아끼는 존재이기 때문에 혹시 잘못해서 실수할까봐 운전 가르치는 사람이 누구이든 관계없이 잔소리를 너무 많이 하게 되는 것이다.

여기서 아내가 유의해야 할 점이 있다. 대부분의 남편은 아내의 잔소리를 고맙게 생각하고 받아들일 준비가 되어 있다. 그런데 세 번 이상 반복하면 화를 낸다. 아내 입장에서는 그래도 안 고쳐지니까 또 하게 된다고 하지만, 남편은 횟수가 중요하다. 그렇다면 뜸을 좀 들이는 것도 좋을 듯하다. 아침 10시에 한 번 잔소리 하고, 두 시간 있다가 한 번 더 잔소리 하고, 저녁 무렵에 잔소리 한 번 더 하면 같은 세 번이라도 받아들이는 남편은 자신의 과오를 더 명료하게 각인하게 될 것이다. 또한 아내는 결혼하기 이전의 남편의 행적에 대해 부정적인 평가를 해서는 안 된다. 그런 모습으로 자기와 결혼을 했기 때문에 결혼 이후의 모습만으로 평가해야 한다. 결혼 이전까지 언급할 바에야 결혼을 하지 말았어야 한다. 그리고 남편의 부모님이나 형제들까지 얘기하는 것은 더 좋지 않다. 아내 입장에서 보면 너무 화가 나가 그런다고 하지만 이 두 가지는 반드시 명심해야 한다.

100. 賢婦는 和六親하고 佞婦는 破六親이니라

현부 화육친 영부 파육친

현명한 부인은 육친47)을 화목하게 하고, 간사하고 아첨 잘하는 부인은 육친의 화목을 깨트린다.

며느리 한 명 잘 들어오면, 온 시댁 집안이 잘 된다는 말이 있다. 거꾸로도 가능하다. 사위 한 명 잘 들어오면, 온 처가 집안이 잘 된다. 굳이 부인에게 초점을 맞추는 것은 친인척과의 교류에 있어서 부인이 주도적인 역할을 하기 때문에 그럴 것이다. 만약 남편이 그런 집안이 있으면 그 주체는 남편 몫이 될 수도 있을 것이다.

주로 사람과의 관계에서 하게 되는 말 때문에 생기는 문제가 많다. 전형적인 것은 시어머니와 며느리 간의 고부갈등이다. 시어머니는 자신의 아들이 늘 아깝다고 생각한다. 새로 들어온 며느리가 내 아들을 빼앗아갔다고 생각하는 것이다. 대개의 경우 시어머니에게 문제가 있다. 며느리 입장에서 보면 시어머니가 자기 아들에게 안해야 될 말로는, "얘야, 요새 네 얼굴이 왜 그리 축이 나 보이니?"와 같은 말이다. 며느리가 얼마나 못해줬으면 너 얼굴이 그 모양이냐는 말투로 들리기 때

47) 육친(六親)이란 가장 가까운 여섯 친족(親族). 곧 부모(父母), 형제(兄弟), 처자(妻子)를 말한다.

문이다. 현명한 며느리는 시어머니가 그런 말을 하지 못하도록 적절한 사전 행동을 해야 한다. 정말 체질상 몸이 축이 났다면 사전에 혹시 예전에 그런 예가 있었는지 등을 물어볼 수도 있을 것이다. 또 시어머니가 그러한 질문을 한다고 해도 며느리 괴롭히려고 하는 말은 아니므로 너무 과민반응을 보일 필요는 없다.

그 다음 문제는 동서 간에 오고가는 말 속에서 발생할 수 있다. 특히 손위 동서는 자신이 결혼 후 시댁의 가풍 속에 살아온 지 오래되었기 때문에 일종의 텃세를 부리는 것이다. 시어머니가 하는 잔소리와는 질적으로 다른 것이다. 대개의 경우 손위의 동서가 얘기하면 호응만 해주면 큰 문제가 없어 보인다. 동서가 세 명 이상일 경우, 이곳저곳으로 말을 옮기는 경우는 가장 문제가 된다. 그렇지 않아도 동서 간에는 성장배경이 다르기 때문에 이질적인 생활문화를 가지고 있는데, 서로 비교되는 예라든가 상대를 비하하는 말을 했을 경우 남보다도 더 사이가 안 좋아지게 된다. 예컨대 첫째 동서의 자녀가 몇 년 동안 대학입시에 실패하다가 겨우 대학에 들어가게 되었는데, 둘째 동서의 자녀가 이번에 어떤 대학에 장학생으로 단번에 들어가게 되었다는 사실을 얘기하는 경우이다. 이럴 경우 말을 하지 않거나 그냥 간신히 입학했다고만 얘기하는 것이 좋다. 약간 끝을 흐리는 것이 좋다. 더 좋지 않은 예는 형의 정년퇴임이 얼마 남지 않았는데 자기 남편은 정년이 조금 더 길다던가 하는 얘기도 좋지 않은 얘기다. 반대로 취직 못하고 있는 막내 동생이 함께 있는 자리에서 큰 형수가 자기 형은 정년이 언제까지라든지 이번에 성과급이 조금 밖에 나오지 않아서 어떤 것도 못한다든지 하는 얘기도 금물이다. 아무리 그것이 사실이라고 하더라도 상대방의 처한 상황을 고려하면서 얘기를 해야 한다. 이와 같은 일은 비단 부인들에게만 적용되는 것이 아니라 모든 사람들이 유념해야 할 바이다.

저자 소개 | 박균열

pgy556@gnu.kr

박균열 교수는 경상대학교 윤리교육과에 재직 중이다. 대한변호사협회 법관 및 검사 평가 특별위원회 위원을 맡고 있으며, 국가보훈위원을 역임한 바 있다. 주로 정치윤리 분야를 가르치고 연구하고 있다. 또한 콘스탄츠대학에서 린트 교수가 주관한 KMDD 심포지움에 두 차례 참가한 바 있으며, KMDD 교사 자격증을 획득했다.

주요 저서로는 *Community, Ethics and Security on the Korean Peninsula*(공저), 『논어 주제편과 함께 하는 청춘의 지혜』, 『통합인격 리더십』, 『도덕판단력 측정』(공저), 『안보관련 교과서 연구』, 『국가안보와 군대윤리』(공저), 『평화안보와 가치교육』, 『국가윤리 교육론』 등이 있고, 주요 역서로는 『음악윤리학』, 『인간 안보』(공역), 『심리치료와 상담의 윤리학』(공역), 『공감과 도덕발달』(공역), 『윤리탐구공동체교육론』(공역), 『다문화주의 윤리학』(공역), 『도덕적 민주적 역량 어떻게 기를 것인가(공역)』 등이 있다.